U0801947

博瑞森图书
BRACE

企业阅读 本土实践

管理 · 人文 · 生活

处方药
合规推广
实战宝典

赵佳震◎著

云南出版集团公司
云南科技出版社
·昆 明·

图书在版编目（CIP）数据

处方药合规推广实战宝典/赵佳震著．—昆明：
云南科技出版社，2018.12
ISBN 978－7－5587－1937－0

Ⅰ．①处…　Ⅱ．①赵…　Ⅲ．①药品－市场营销学
Ⅳ．①F724.73

中国版本图书馆 CIP 数据核字（2019）第 000707 号

处方药合规推广实战宝典
赵佳震　著

责任编辑：洪丽春　曾　芫
封面设计：久品轩
责任校对：张舒园
责任印制：蒋丽芬

书　　号：ISBN 978－7－5587－1937－0
印　　刷：三河市文阁印刷有限公司
开　　本：710×1000　1/16
印　　张：15.75
字　　数：360 千字
版　　次：2019 年 3 月第 1 版　2019 年 3 月第 1 次印刷
定　　价：118.00 元

出版发行：云南出版集团公司　云南科技出版社
地　　址：昆明市环城西路 609 号
网　　址：http://www.ynkjph.com/
电　　话：0871－64190889

从一名基层销售人员到全国学术推广负责人，我经历了医药行业十多年的风云变幻，当过临床代表，做过招商经理，后期又从销售部门负责人转变成学术推广部门负责人。这些经历能让我会从“销售”角度去理解，“学术推广”的意义及目的，从“学术推广”的角度去思考，如何帮助销售产生更大成效。

在负责销售部门时，我认为“学术推广”是花把式，太多形式化的东西，对销售的管控要求多，对销量的贡献不明显。自从负责学术推广部门后，才真正了解到学术推广的价值和意义，**学术推广真正目的是为了企业持续稳定发展，是企业降低合规化风险的手段，是处方药企业必须学会的营销方式**。在此期间，也遇到了很多难题，比如：学术推广体系搭建不完整，销售团队与学术推广团队没有形成统一战斗力，学术推广工作过于照搬“外企”模式不接地气，不清楚转型期间代表与外包商做些什么，等等。我相信，这些问题很多处医药同行都遇到过，这正是写这本书的缘由。希望大家能在阅读这本书时，能找到一些答案，得到一些收获。

本书主要是从推广体系搭建、推广经理实操规范、学术推广活动的类型及形式、学术推广工具使用方法、医药代表转型要点、推广服务外包商管理等六个方面进行阐述。

第一章主要讲的是推广体系搭建的相关问题，重点阐述医学经理、产品经理、推广经理三个核心岗位的重要性，以及医学经理和产品经理的工作内容。而推广经理的工作内容是本书的重点，所以在第二章到第十章会详细描述。在第十章中，我把推广经理的七大项工作整理归纳，用工作内容清单的方式呈现，便于大家在实战中更好运用。第十一章和第十二章，为大家提供了一些常见学术推广活动的类型及形式，对活动评估的要点也做了阐述。第十三章则对学术推广工具的类型、使用方法、注意事项做了一些经验分享。第十四章与第十五章，就医药代表转型和推广服务外包商管理，提出了一些观点和建议。

本书在阐述内容观点的同时，还有一些案例分析、注意事项及方法建议的分享。附件中包含一些推广部门管理文件模板。如果你是企业负责人或学术推广部门负责人，希望能在市场职能部门分工、体系搭建、管理工具使用等方面对你有所帮助；如果你是一线的学术推广经理或主管、专员，希望在推广人员工作内容、推广活动开展形式上让你有所借鉴；如果你正面临“医药代表转型”和“推广服务外包商管理”方面的困惑，希望此书的一些观点，能帮你解决实战中的具体问题。

此书适合市场总监、学术推广总监、学术推广经理、主管、专员，希望能给在学术推广岗位工作的同仁予以帮助。

为什么要做合规化学术推广？

一、医改政策导向的必然趋势

近些年来，国家大量出台医药市场管控政策。其中，最近比较热的有“两票制、医保控费、飞检、药占比、二次议价、临床路径管理”等政策。国家对医药板块这么多的动作主要目的是什么？我总结为六个字，即“合规、减渠、降价”。

“合规”就是利用税务手段和招标降价手段，把临床药品销售中不良行为（包含挂靠、洗票、行贿）进行根除，让临床药品销售向公开、透明方向发展。

“减渠”就是利用飞检、两票制等手段减少药品流通环节的商业渠道，向西方学习，鼓励“大鱼吃小鱼”，做大做强一些大型物流商业，提高药品物流环节的质量把控强度，同时顺带减少药品在中间商业渠道的利润，为药品降价政策的出台提供有利保证。

“降价”就是利用医保控费为主导，通过药占比、二次议价、招投标、控处方等手段迫使药厂压低药品价格。当然，这种降价政策出台需要先瞄准重点目标进行攻击，比如，抗生素、辅助类药品、中药注射剂等三大类药品。从现状来看，独家的、原研的产品，生命力要好得多。

从古至今，只有跟着国家改革的大方向走，企业的发展才会更加良性。未来的医药商业只有两种运营模式，要么“终端为王”，要么“流通为王”，省级代理、区域代理的商业模式将会越来越压缩。抛开 OTC 板块药企不谈，在处方药为主的企业中，可以分成三种类型即：普通原料药企业、新特化药企业、中成药企业。其中，最难受的可能是普通原料药企业，而新特化药和中成药的产品特异性好，抗政策风险能力较强，再加上国家现阶段对中药发展的重视，相信这两类企业可能会成为未来处方药品市场中的佼佼者。

从国家角度来看，在“十三五”规划及 2018 年的两会报告中，涉及医改内容时，多次强调“医保支付改革、三医联动、分级诊疗、公立医院改革”等政策方针。特别是“医保局”成立后，集定价、采购、支付三大权利为一身，肯定会加快“三医联动”的推进速度，“三明模式”有可能全国范围内的铺开。最近，又陆续颁发了有关“医药代表备案制、两票制、税费改革”等配套文件，一些试点省份，如上海、天津，出台了多个规范限制医药代表行为的制度，甚至一些地方都启动了刷脸技术，这些动作必将促使处方药市场营销模式大变革，只有合规的推广才符合未来处方药营销的发展趋势。

从企业角度来看，大多数国内处方药企业高管，都是一线销售出身，过度看重及时投入产出比，习惯了以前“短、平、快”的客情营销方式。针对学术推广的意识、信心、能力都不足，就算是部分国内企业，正开展的学术推广工作，也是跟着外企步伐进行模仿学习，成效往往不理想。风风火火地去开展各类大型会议，赞助各类医学会议，成本消耗巨大，但销售指标还一直上不去。所以如此，在于没有因地制宜的分析自身产品优势，没有合理运用现有团队资源进行整合，非要把自身的劣势和外企对比。再加上产品的二次研发不足，导致产品定位挖掘不够持续，产品生命周期短等问题，很难把学术推广转化为成果。在临床学术推广精细化的今天，不懂疾病诊疗方案的推广，只会提炼产品优势开展物料宣传，将很难在细分疾病领域抢占有利地位。那么我们应该怎么办？

学会把“学术”和“推广”分成两个板块思考，一方面加大学术价值研究投入，另一方面提高推广方面的消化力度。在本书中，我会有很大篇幅提到推广工作，因为学术价值研究不是当前国内企业的强项，所以重心就应更多放在推广上，在这方面，我们比外企更加灵活。在这个医药环境变革的时代，企业面临的压力不仅仅是销售模式的转型，还有销售渠道的整合，以及财税风险的规避。所以。现阶段企业迫在眉睫要解决的问题是商务体系、合规税务体系与学术推广体系三方面的优化建设。

二、“学术 + 推广”是处方药营销的核心手段

我们先看一下处方药营销模式的演变史。

处方药营销模式和方法的探索，在 30 多年来经历了几个阶段变迁。20 世纪 80 ~ 90 年代的改革开放初期，医院的药品还存在供给短缺问题，大多数药企基本不愁销售，只要产品出来且质量有保证，销售通路理顺，就能有很好的销量保证。

1990 ~ 2000 年间，大量外企涌入中国市场，国内真正意义上出现了“医药代表”这个岗位。那时的医药代表基本上都是学医、学药出

身，照搬国外先进经验，大刀阔斧地在中国市场开展学术推广工作，诞生了大批明星产品，一些嗅觉灵敏的国内企业也相继模仿转型。

2000～2010 年，是医药市场最蓬勃发展的 10 年，也是医药市场营销方式最混乱的 10 年。大量招商公司诞生，全国总代、省级代理商频频出现，处方药的销售模式也五花八门，追求短期利益的“带金＋客情”推广模式成为行业新宠。不过，也有一些国内优秀企业，在这个阶段重视学术推广开展，给企业获得了持续增长的动力。

2010 至今，国家医改进入了加速期，开始对处方药医药营销的乱象进行整顿，密集出台一系列有关医药板块的改革政策，如医保支付管控、临床路径管理、税费的改革、医药代表备案制等，迫使处方药企业营销模式转型，从原先“带金＋客情”向“学术推广＋客情”转变。然而，大量药企照搬模仿外企学术推广模式，但效果往往不明显。由于投入成本压力过大、短期回报率低，导致学术推广工作中途破产，又重新走回原来“重客情”的营销方式。出现这些问题的症结点在哪里呢?其实还是对“学术推广”的理解还不够彻底，执行不够落地。

我们应该把“学术推广”看作两大块，即“学术＋推广”，学术就是根据产品特性，做好临观和二次研发，提炼出新的治疗用药方案，通过专家进行验证后提炼学说，做好产品定位及物料制作。推广则是建立专业的团队，把拥有明确学术定位的物料，利用多种推广方式进行传播，从而提高医生不断处方兴趣的过程。

外企的“学术推广”之所以做得风生水起，那是因为他们“学术”基础工作做得扎实，有资金、有实力做好产品临观及二次研发，并且在不考虑成本的前提下，花大力气去做“产品治疗方案理念”的研究，以及与大专家长期合作项目。在“推广”方面，他们工作流程相对规范，人员整体素质较高，推广活动的经验积累也比较成熟。

但大多数国内企业不具备这种优势。从产品的本身特性来看，大都是化学仿制药和中成药产品，其学术价值的提炼方面不占优势。仿制药只能跟着外企的学术推广定位走，花大力气在剂型、包装、工艺上，没有真正的学术定位理念。中成药学术价值的定位体现，则过多依赖于中医学理论，或是通过“循证医学”方式进行文献推广，但90%以上的中成药的处方客户是西医，他们对中医理论不了解、不认可，甚至是排挤怀疑，若没有明确治疗环节证据链，很难与其建立信任感。既然“学术”方面有先天的短板，那就只能在“推广”方面下功夫了，即通过建立专业化的推广团队，摸索出适合国情的一套推广方式。这正是我在本书中要重点阐述的内容。

写这本书的缘由，既是缘于负责全国学术推广工作时的实战积累，也要归功于“中睿咨询”“时代方略”“医药经济报”等网络媒体，给我提供了很多次发表文章的机会，让我能充分思考从搭建学术推广部门到优化部门体系等内容。

愿此书能帮助到各位医药界同仁！再次感谢大家的关注！也希望大家能多提建议，祝愿大家能早日转型成功，在未来处方药市场中占据一席之地！

第四章　代表培训会

第五章　开展科会

第六章　医院整改方案

第七章　协访代表

第十二章　如何评估学术推广活动项目

第十三章　学术推广工具的使用

第十四章　医药代表转型

第十五章　推广服务外包商管理

附 件 推广管理体系文件（模板）

第一章
学术推广体系搭建

对学术推广体系的理解，每个企业都不一样，因为各企业的市场职能部门建制有所不同。有的企业之成立了市场部，包含了学术推广所有工作范畴；有的企业则搭建了中央市场部和区域市场部，按学术推广工作重心进行划分；有的则是成立了医学部、产品部、推广部，把学术推广工作所有的岗位职能进行区分。哪种体系搭建方式最好，不能一概而论，要根据企业自身产品特点、市场规模、资金实力、团队能力等要素综合考虑。比如，国内企业在建立学术推广体系初始阶段，首先要抓产品定位研究和物料制作，这时产品职能岗位就尤为关键。然后，就要解决消化问题，即如何把定位和工具传达下去，用什么样的方式和手段进行推广，这时就要考虑搭建推广部门了。最后，可以根据实际情况重点来抓二次研发、医学项目研究等工作，这时就要搭建医学职能部门。研发和项目推进是一个常态持续的工作，耗时又耗力，要考虑产品生命周期及自身实力量力而行。俗话说得好："先解决生存问题，再考虑发展问题"。

专业化的学术推广要以专业为标准、以学术为基础、以推广为手段。现在学术推广早已从“产品推广”向“患者疾病”推广转变了，产品疾病证据链的研究就非常关键。特别就化学仿制药和中成药而言，证据链研究比照外企产品还有很大差距。从物料制作专业度上对比来看，我们的物料往往类型单一、定位阐述不清晰；从推广手段上对比来讲，我们的团队人员素质较低，推广手段单一，最终推广成效不理想。我们一定要依据企业现状来转型，不能所有问题一起抓，特别是不能一味照抄模仿外企模式，只能是借鉴学习。因为他们的学术定位基础是全球性的，他们的物料制作投入是不计成本的，他们的推广方式是有专业标准流程的。国内的企业应尽可能考虑“花小钱，办大事”，从实际情况出发，因地制宜地搭建学术推广体系。

一、体系搭建需要“三驾马车”

我们先来看下学术推广工作的整套流程，如图 1 - 1 所示：

依据以上流程图来看，学术推广流程就是“定位分析 - 定位呈现 - 定位推广”的过程。这个过程是一个闭环，在定位推广过程中收集的问题，可以为定位分析提供依据，从而再次进行定位呈现和定位推广。因为“学术推广”包含这三方面核心工作，所以就衍生出三个学术推广职能岗位，即医学经理、产品经理与推广经理。这三种岗位是学术推广体系搭建所需的“三驾马车”。

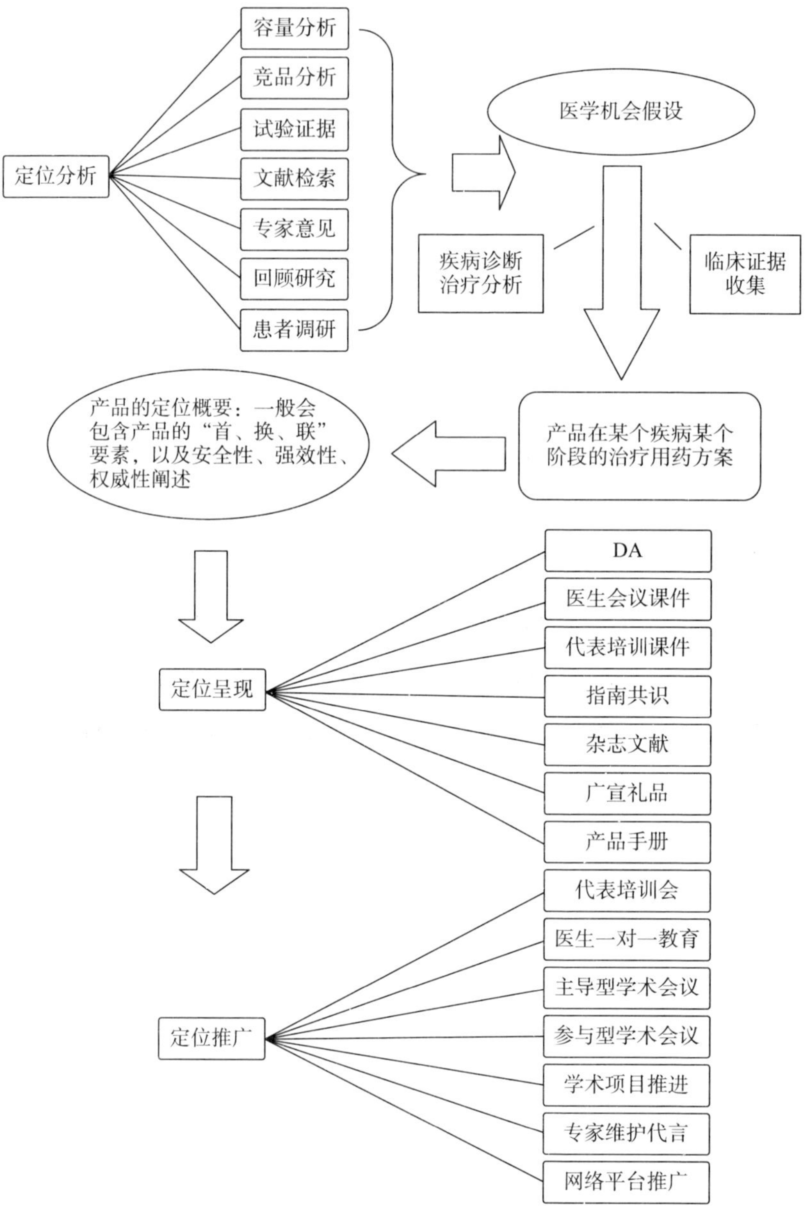

图 1－1　学术推广工作的流程

备注：产品定位概要中“首、换、联”，是指在制作产品定位时，某个疾病细分领域用药方式上，推荐首诊病人使用，还是常规用药方案中替换某种药品或与哪类药品联用的方式。在后面的学术推广策划案制作章节中有详细阐述。

二、医学经理的由来及工作内容

1. 医学经理的由来及其角色

之前讲过，在 1990 ~ 2000 年，随着很多外资企业进入中国市场，很多新型营销方式被引进国内。其中，全新的学术推广模式开始影响医药市场格局，很多企业开始关注产品回顾性研究及二次研发，策划了很多医学项目。在这个阶段中，医学经理的重要性及必要性开始凸显出来，逐步得到业内的认可，其工作内容也得到延伸发展及固化。那么，医学经理在企业充当什么角色呢?

首先，医学经理是公司内部学术的引领者，是医学思维的创造者。我们知道，医学治疗理论对药品的影响非常巨大。学术推广的核心就是针对疾病治疗理念的推广，产品推广也要围绕其该治疗领域内临床特性，产品是否具有更好疗效，更高安全性，这是学术推广工作开展的基石，需要医学经理进行深入研究。而医学思维是将循证证据应用于临床推广的思维，是帮助临床医生更好地认知产品特性的思维。因此，这需要医学经理对公司产品的特性、产品所处领域的医学知识非常熟悉，并持续关注与了解领域内相关产品的最新学术进展。现状是，这样的专业人士少之又少。医学经理除了要把医学定位分析提炼出来，教会推广人员如何利用，还要加强内部人员医学知识培训工作，带动学术推广工作的延续性，加强学术推广工作的深度。

其次，医学经理是医学思路的执行者，是企业合规营销的先锋。优秀的医学思路的创造，需要医学人具有扎实的基础知识，丰富的临床经验，而它的落地实施及内外部推广，则需医学人具有高度的执行力和敏锐的商业洞察力。医学经理秉承着科学、客观、公正的原则，一方面创造并传播学术医学定位，另一方面针对医学知识继续学习研究，对推广材料进行医学审核。医学经理的合规标尺就是企业产品学术推广的合规底线。众所周知，经过多年的医学知识培训及临床技能训练，医学人往往具备较强的韧性、毅力及责任心。正是这种特质决定了医学思路的高效执行。

2. 医学经理都做哪些事情

专业的学术推广，应该是疾病治疗方案的推广，而不仅仅是产品优势的推广。在这方面，医学经理针对疾病预防和治疗理念的挖掘提炼起核心作用。下面我们具体看一下，医学经理到底应该做那些事情？

（1）制定医学推广策略。通俗讲，医学策略就是某种疾病的治疗用药方案。通常通过对患者及医生群体的需求进行分析整理，加上临床试验、专家沟通、市场调研等手段，总结出一套疾病的预防、治疗、康复的理念学说，突出其安全性、强效性、权威性，并把自己的产品嫁接到这套理论和学说中去。比如，通心络的“脉络学说”，脑心通的“脑心同治学说”，丽珠得乐的“胃炎四联疗法”等。

（2）国家级专家维护沟通。所谓的专家可以分为三类，即国家级代言人，区域型讲者与重点 VIP 客户（在后面章节会详细阐述）。其中，国家级代言人要由医学经理进行维护，不仅因为这些专家的维护成本较大，而且医学定位策略的制定他们予以帮助。国家级代言人一般都是某学会骨干成员，介于其身份，不喜欢过多参与有关产品的推广宣传，更喜欢在医学项目、临床试验、学会合作上长期合作，企业要充分利用这样的机会，在合作期间利用这些学会平台，宣传自身的医学定位策略。

（3）医学项目制定及实施。医学项目主要分两大类，即医学教育项目与医学科研项目。医学教育项目类型很多，比如基层继教活动、专家巡诊等，其目的更多是为了定位推广。医学科研项目要根据企业自身实力和需求设计，比如回顾性研究、二次研发等，其目的是为了定位制作。无论是哪种项目，必然由医学经理进行策划、组织，其他部门予以协助开展。医学教育项目形式多样，按主办单位来分，可以分成学会主办、政府主办与院内主办三种。至于医学科研项目，科研课题的设计尤为关键，大致上可以分为三类：调查研究型、实验研究型与新技术、新材料、新方法的开发应用型。这可以尝试与第三方外包公司合作，也可以自行开展课题项目。

（4）上市前后临床试验项目。协助完成新产品上市前临床实验的跟进沟通，以及上市后的再评价、二次研发、回顾性研究项目的跟进维护。这个工作一般由企业研发部来主导，医学部门协助开展，医学经理要发挥自身医学优势，充分协作完成以上工作。

（5）不良反应收集及回馈。配合质量管理部门做好不良反应的收集工作，在医学角度给予科学的反馈解释。质量管理部门人员大多是药学出身，医学知识掌握不够深入，市场上很多反馈的不良反应报告，问题往往不是出在药品质量和渠道环节上，而是出在患者疾病特性及个体差异上，所以需要医学经理发挥自身优势，充分挖掘原因，给予及时科学的解释反馈。

（6）组织和支持医学教育。制定医学知识内部培训计划，定期对推广人员、临床人员进行医学培训。医学培训除了有关的医学常识内容，核心还是对医学推广定位的培训，把医学推广策略进行传达。医学经理应与产品经理紧密沟通，因为医学定位推广策略是产品定位策略和物料制作的基础。

（7）发表临床研究文献。在医学杂志、临床指南上的发表有关产品医学定位的文章。此项工作由产品经理和医学经理配合完成，其中产品经理负责收集整理文章，医学经理负责沟通发表。医学经理要长期与各大医学杂志和指南等出版社保持联系，充分利用国家级专家资源与医学项目，并且在沟通维护中，多关注产品相关的医学文章，为医学定位推广策略提供更多的证据链条。

（8）医学相关市场调研分析。为了提高医学定位的准确性，医学经理要设计一些调研项目，用于在市场上收集与产品相关的疾病的最新信息。另外，调研活动也可以作为学术合规推广手段之一。一般调研活动的制定和组织由医学经理来做，但在开展实施过程中，要充分利用推广和临床团队。

（9）政府事务协助维护。此项工作多由企业某单独部门负责，但医学经理要协助维护，这主要是考虑到，在与卫生、医保系统等相关医疗部门打交道时，需要一些医学专业人士参与。医学经理可以利用国家级代言人资源，把专家共识和权威文献进行呈现，给予科学合理的医学证据反馈。而且，在招投标入围、医保方面的工作中，也需要提供有关产品的科学真实有效的证据。这时候，医学经理应起到关键作用。

（10）第三方学术活动评估。对于学术活动监督评估工作，外企方式大多利用第三方公司进行飞检评估，不让企业的直营及市场部门参与，这样可以有效地减少学术活动的作假风险。但第三方飞检的成本开销往往很大，大多国内企业采用的方式是部门内部自检评估。因活动的开展一般由市场职能部门负责，他们既是活动费用报销制度的制定者，又肩负活动的监管评估，这样很容易发生作假与包庇作假的行为。为此，可以尝试利用医学经理这个岗位，开展学术活动/项目评估检查，制定抽查内容及标准。而且，医学经理做第三方飞检工作，还能在医学角度分析活动开展的成效，给予科学合理的建议。

三、产品经理的由来及工作内容

1. 产品经理的由来

产品经理起源于宝洁。1927 年，宝洁推出一种佳美牌（Camay）香皂，但销售业绩较差。而在此之前，宝洁已有一款老牌香皂 Ivory，拥有了相对固定的消费群体，并且销售业绩相当不错。为了解决这个问题，宝洁公司一名叫麦古利的年轻人在一次会议上提出："如果公司的销售经理把精力同时集中于 Camay 香皂和 Ivory，那么 Camay 的潜力就永远得不到充分发掘。"他还提出了 brand man（品牌人）的概念，一个品牌人应该有一个销售小组的帮助，每个宝洁旗下的品牌都应作为一个单独的事业经营，同时与其他品牌竞争。

从宝洁的案例里，我们可以看到产品经理制的核心就是产品经理的角色定位。广义上，产品经理就是一种产品的"总经理"，对产品的市场成功负责，各个部门应围绕产品经理来开展工作。产品经理的这种定位，弥补了传统的以职能形式的营销管理模式的缺陷，即各职能部门都竞相争取预算，而又不对产品的市场成功负责任。这正是产品经理制管理模式竞争力所在。

其实，一开始国内企业对产品经理的定位很模糊，特别是医药板块的产品经理，开始阶段几乎肩负了市场职能部门的所有工作，既要协助临床试验开展，又要做好产品定位及推广工具制作，还要担负起活动开展及培训。随着医药市场的发展，产品经理的分工越来越精细，特别是医药板块的产品经理，现在演变成重点围绕产品定位和推广工具开展工作，把医学方面和推广方面的工作剥离出去。

2. 医药产品经理都要做哪些事情

医药产品经理正常工作的基本流程，如图 1－2 所示：

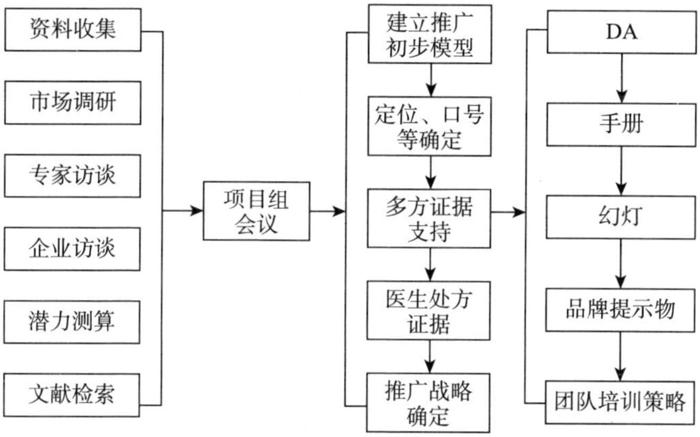

图 1－2　医药产品经理的工作基本流程

根据以上流程图，医药产品经理的主要工作内容如下：

（1）制定产品推广定位。与医学定位的着眼点在疾病不同，产品定位的着眼点在产品。产品定位推广就是通过对市场容量、竞品的调研分析，以及二次研究和文献梳理归纳，提炼出产品的卖点优势，制作学术推广工具，利用各种培训把推广定位进行传达。那么，如何让医学定位和产品定位有效衔接呢？医学定位确立完毕后，就要对疾病治疗方案中的产品进行分析，要对主要推广的渠道市场进行分析，是主攻三甲、二级、还是基层、第三终端。产品定位分析还要思考政策因素，比如是否招投标、医保情况、慢病特病目录等，也要考虑产品本身优势，比如专利、指南推荐、剂型优势等。产品的定位推广策略是一项体系化工程，产品经理主要是制定与把控全国推广定位的方向，各省的具体推广策略还是由驻地推广经理来制定。

（2）推广物料的制作。此项工作是产品经理的核心职责，也是其工作时间占比最大的内容。产品定位出来后，就要有相应的推广工具进行呈现，物料要根据不同受众人群需求分类制定。具体的推广工具的类型和内容在第十三章中有详细阐述。

（3）推广课件的制作。制作产品定位的有关课件，有给内部人员培训的，有给不同级别医院的，有给分科室的，还有给不同类型会议的。这些课件要针对不同市场情况、不同客户需求进行细分。课件的制作要多收集一线推广和临床人员建议，还要多与医学经理进行沟通，内容既要满足推广需求，更要保证科学严谨性。

（4）产品的调研分析。调研项目可作为合规推广手段之一，分为市场容量调研、竞品调研与产品回顾性调研。这些调研工作是产品定位制作的基础，可以通过外包第三方公司或自建调研项目组来完成。调研沟通要充分利用推广及临床人员协助完成。

（5）内部产品培训。在推广定位策略制定完毕与物料工具制作出来后，就要开展内部人员培训工作。培训工作要重点围绕推广物料使用、课件讲解、同类竞品分析展开，把物料的类型、特点、使用事项讲清楚。多组织一些课件讲解评比活动，提高推广及临床人员的授课能力。对同类产品深入研究，形成分析报告。除了制作标准应对话术，还要多做些讨论活动，帮助受训人员充分吸收理解。

（6）产品大数据整理分析。产品定位推广不是一成不变的，要多收集市场反馈信息，把相关数据进行整理汇总分析，不断优化产品定位方向。收集的方式有很多种，可以与大数据公司合作，也可以自己设计调研项目收集数据。

（7）收集整理产品相关文献。产品的物料类型中，有一种核心推广工具是产品文献。在医学经理组织发表后，产品经理就应把发表大V文献进行整理归纳，按科室病种类别或文章质量进行分类汇总，制作出适合一线推广人员应用的文献汇编工具。

以上是对学术推广体系中医学经理与产品经理工作内容的阐述，至于本书的重点——“三驾马车”中的推广经理，其工作内容会在第二到十章详细阐述。每个企业发展情况和拥有的资源不同，并不能都把三个岗位编制全部搭建完毕，我建议企业初期可以把医学经理和产品经理工作内容合并，更侧重产品经理的岗位梳理，毕竟医学经理岗位职责中，研发及项目合作内容成本巨大。当企业学术体系搭建完善后，再慢慢细化三大岗位的职责分工。但不管哪个企业，最起码要把产品经理和推广经理的两大板块建立完整，特别是推广经理板块，一定要格外重视。

四、体系搭建中的常见问题解析

某企业的市场部建立了产品经理和推广经理编制。其中，产品经理主要负责文献梳理、课件及物料制作等工作，推广经理主要是负责临床人员培训及开展科会。因为发展需要，企业把产品经理组分成两部分，一部分继续做产品经理的工作，一部分开始接触国家级专家，赞助各类型医学会议。在开展大型学术活动时，与原来的推广经理和销售部产生了巨大分歧，因为推广经理和销售部门背负产品的销售指标。赞助医学会议，没有小型科会、病例分析、学术沙龙见效快，且让推广及临床团队疲于应付。赞助了很多次医学会，成本巨大，并没有产生实质成效，国家级专家网络迟迟建立不起来。产品经理制作的课件物料，没有满足差异化市场的需求，而在实际使用过程中，公司又要求必须按统一模板执行，最后课件和物料在市场上应用了很长时间，没有得到很好成效回馈。

解析：

以上案例中所说的情形，大多国企都遇到过的。我们首先来说说，学术推广职能部门的建立必要性。是否需要设置这个关键岗位角色，要看企业的发展阶段，是否有必须要这个角色才能完成的事情。因为产品特性原因，国内大多数企业拥有的是中成药及化学仿制药，建议初期要重点解决“产品定位、课件工具、推广方式”三大问题，产品经理和推广经理角色要放在核心位置上。其实，我们学术推广做好不好，往往是在“消化”层面出现问题，而不是“硬件”层面出现问题。后期再加大产品硬件的投入，加强医学经理的工作职能，循序渐进地提高产品生命周期。

其次，案例中，企业尝试把产品经理组分出一个板块，去做国家级代言人及学会赞助工作，但后期没有得到一线人员的响应，导致专家网络没有建立起来，学会赞助工作也没有取得任何成效。从中可以得到两个教训：一是，要根据实际情况出发，以销售结果为目标的开展学术活动，不能照搬外企的方式去一味模仿。去接触国家级专家、赞助医学会工作要看自身产品价值提炼情况，以及医学研究深度情况而定。二是，案例中连医学经理岗位相关工作都没有开始启动，就马上去做国家级专家维护，去做学会赞助，当然很难产生成效。国家级专家的需求是在试验、项目层面上，当企业不具备满足这种需求的条件时，只是去做客情维护，不会起到很好成效。医学会赞助是很多企业惯用的手段，也是企业品牌宣传、专家维护的很好平台，但不要忘记了开展学术活动是立体作战的过程，医学推广定位、产品推广定位、区域推广策划都要一同推进。赞助医学会之前，要思考你的医学推广定位和产品定位是否清晰，是否有配套的推广人员后期维护计划，推广人员在做区域市场活动时有没有进行衔接？与一线临床代表人员推广的内容是否一致？如果这些都没有准备好，那肯定不会产生效果，反而会给推广人员及临床人员造成困扰。当你没有准备好的时候，建议先多组织一些小型会议，如科会、病例分享、沙龙等，开展这些会议，毕竟在销量成效上能及时显现。

最后，案例中还提到，产品经理制作了统一推广课件和物料模板，并要求推广人员和临床人员在一线中，必须严格按照统一模板来推广宣传。实际上，这是个误区。推广工具的规范固然重要，但是并不一定适合所有市场的具体情况，因为不同客户的需求是不一样的，要学会用“听得到枪声的人，去指挥战场”。我就遇到过很多次这种情形。比如，一次去参加某区域终端医院的科会，从头到尾按照市场部要求讲解完毕，但是之前并没有了解到客户的核心诉求，不知道目标科室竞品情况，没提前了解目标客户的疑惑点是什么，结果讲完以后也没有解决具体问题。虽然推广工具中必须要讲到医学定位、产品定位的部分，但当在实际推广过程中，要充分调研目标人群的情况，允许推广人员根据实际情况调整，做一些添加和改动，把客户核心关心的问题，以及真实的竞品差异讲清楚。当然，这很考验推广经理起到的作用。具体实操的内容，我会在后面章节重点讲解阐述。

第二章
如何说服销售团队

本书的第二到十章节，会重点阐述推广经理的工作内容。

大多数在转型期的国企，应该更加重视推广工作，发挥我们自身的特色。既然在医学和产品上我们不占优势，那就应该考虑如何调整现有营销团队结构。我建议成立推广部门，培养大批推广经理，真正做到合规化处方药推广。学术定位策略需要集群式专业团队进行推广，而很多企业现有编制只有市场部，其主要的工作是基础物料制作，以及开展少量的学术活动。这使得企业既缺少了针对产品基础性研究的分析，又没做好国家级网络专家的维护工作，学术定位也没有充分下传到基层客户。要改变这种情形，企业必须有一批专业的一线推广队伍，依据定位策略，充分做好市场分析，制定区域学术推广计划，针对区域的专家网络、活动开展、培训体系、整改医院帮扶等工作，进行体系化推进。

学术推广经理都要做哪些事情呢？总结来说，可以分为八项重点工作，即说服销售团队配合开展学术推广工作、制作学术推广策划案、开展代表培训会、组织开展科会、制作医院的整改方案、协访代表拜访医院、开展综合性学术推广活动、建立专家网络及学会推广平台。

下面，我们先来看一下，推广经理应该如何说服销售团队开展学术推广工作。

一、销售团队的现状

大多数企业临床销售团队分为两种，一种是专职直营团队，一种是推广服务外包团队。现阶段，专职直营团队还存在产品知识差、学术推广意识差、没有以学术为导向的推广经验等不足，但因为其属于公司直属管控，在执行和管理方面不存在问题。而服务外包模式，其实就是以前的代理模式，因为外包商拥有终端关系资源，所以能很快地切入一线临床工作，但也因其代理性质，会存在不关注我司产品、团队不注重学术、产品知识不熟悉等一系列问题。

鉴于以上情况，学术推广工作如果想得到有利开展，必须得到一线销售团队的认可，因为有大量的学术推广工作需要销售团队配合，如专家跟进、参会人员通知、会场协调、会后跟进，等等。学术推广工作的最终目的，还是为了改变医生的处方习惯。在中国，学术推广工作只是一方面，必不可少的另一面是客情工作。推广的最后一公里，一对一的医生教育客情工作，必须由销售团队来完成。因此，作为推广人员，要想有效开展学术推广工作，要学会与销售人员达成战略一致，说服一线销售管理者及代表配合。本章只针对“外包商团队”的说服技巧做简单讲解，自营团队说服工作与之有雷同之处，就不做赘述。

二、如何说服“外包商”配合开展工作

首先，我们先要思考“兼职销售员”对厂家产品的需求有哪些？简单总结，有以下几个关键词，即利润高、回款快、可持续（独家、有学术支持、安全、疗效好）。

利润就不用说了，这是合作的基础。企业要根据自身利益要求，设计出合理的利润体系。至于回款及时，受大环境影响，这点显得尤为重要，很多企业因为税费合规问题，不能及时把佣金返给“兼职销售员”，导致临床工作无法持续开展。企业要重点关注自身合规税费体系建设，在尽量保证自身合规要求的前提下，安全及时地承付佣金。

其次，说服“兼职销售员”的重点，应放在“可持续盈利”的概念上，可使用以下沟通步骤，如图2-1所示。

“外包商”说服过程中要注意以下事项：

（1）“讲政策”一定要根据国家和地区的正规政策文件进行解读，放大政策可能带来的影响。

（2）“讲战略”要把公司最近学术推广变革的事项一一进行阐述，提高其对企业的信赖感。

（3）“讲方案”一定要提前准备好，针对个人单独设计，让其感受到关注。

（4）“讲支持”一定要说明具体费用支持额度及报销要求。

讲环境
- 讲解最新国家及区域出台的医改政策（如：两票、分级诊疗、医药代表备案制等）
- 目的是为了导出，处方药营销，学术推广是唯一出路。

讲战略
- 讲解公司向学术推广转型改革的决心。
- 目的是突出公司未来改革方向，协助服务外包商向学术推广转型。

讲方案
- 讲解学术推广策划案，以及为其量身定做的计划方案（包含活动、培训、专家维护、项目推进等）
- 目的是为了和其商讨计划方案的可行性，讨论定稿后签订备忘录并推进执行

讲支持
- 讲解我们的学术活动费用、代表培训、专家资源等支持。
- 目的是为了让其感兴趣，能主动配合我们执行计划方案。

讲收益风险
- 讲解执行方案，协助工作能获得的收益，阐述执行计划方案几乎没有风险。（可用案例分析）
- 目的是为了强调可持续盈利的概念，并且阐明其没有风险，风险都由企业承担。

处理异议
- 针对其提出的问题进行回答，突出给其带来的收益。
- 目的是为了能解决其心中顾虑，主动配合方案有效执行。

图 2－1　说服“兼职销售员”的沟通步骤

（5）“讲收益风险”一定要举几个具体的案例，让其产生兴趣。

（6）“处理异议”要注意沟通技巧，一般先赞美，再举例，最后强调试点的可行性。

三、如何说服代表配合开展工作

临床代表对厂家产品的需求有哪些？总结来说，有以下几个方面，即专业物料支持、权威专家共识、持续活动及项目与常态体系化培训等。专业的物料是代表打仗的武器，权威专家共识可以降低医生教育的难度，持续活动及项目开展是合规推广的手段，常态体系化培训是代表转型的基础。

作为推广人员，需要临床代表配合开展活动项目，要做好活动后的回访工作。另外，推广人员有一项核心工作，就是协访代表制定上量方案，如果销售团队不配合，那么协访和方案制定工作将无法开展。通过一段时间的实战积累，我总结出代表说服工作的几个步骤，供大家参考，如图 2 -2 所示。

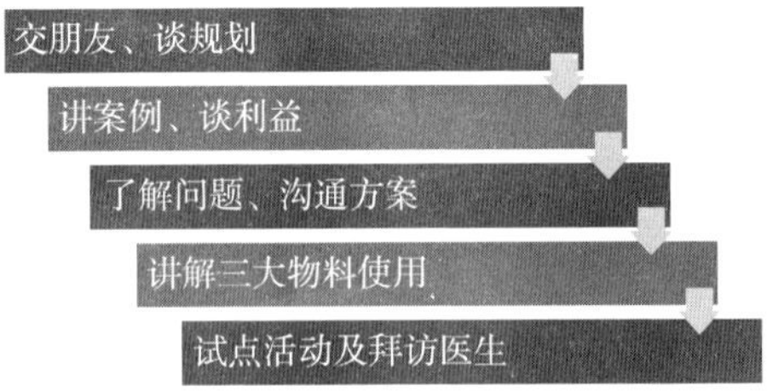

图 2 -2　说服代表的步骤

(1) 交朋友、谈规划：首先要想办法与代表成为朋友，不能让其感觉你是老师或是领导，只会进行教育及监督工作。用心真诚沟通其负责医院的一些问题和建议，阐述公司战略，商讨出相互之间的工作分工，最终强调目标的一致性。

（2）讲案例、谈利益：讲解严格执行整改上量方案的好处，分享试点区域医院有明显变化的案例，突出案例中代表的收益。

（3）了解问题、沟通方案：与代表深入沟通，一起去终端了解真实问题和情况，对终端的潜力进行分析，制作出单个医院的整改上量方案，与代表深入沟通方案的可行性，确定最终版本。

（4）讲解三大物料的使用：代表向医生传达产品信息的途径主要是通过专业物料，但是代表往往都存在物料信息不了解、使用不得当等问题。所以，针对代表的培训沟通，物料的使用是非常关键的一环。代表学习使用的物料也不能太过复杂，熟知以下四大物料就好，即产品知识手册里的分科室适应证的话术、临床应用方案、彩页与重点文献。产品手册一定要长期学习培训，彩页在沟通中要明确阐述要点，文献一定要选择级别高、年代近、有说服力的。

（5）试点活动及医生拜访：针对整改医院策划学术活动，先从重点未开发科室入手，尝试是否能通过会议活动的方式进科销售。针对代表很难沟通的医生（比较注重学术类型），制定定期的协访计划，协助代表进行难点医生的学术推广工作。

“代表”说服过程中要注意事项有：

①不要在代表没有同意的情况下直接拜访医生，避免让代表产生反感。

②不要以老师和领导的口吻进行沟通，而要以朋友的身份坦诚相待。

③在其提出异议的时候不要直接反对，要了解医院真实情况后再进行建议，强调先尝试做试点。

④有关医院不上量问题，不能只听代表一言之词，要去终端实地了解真实原因。

第三章
学术推广策划案

学术推广策划案是区域开展各项学术活动的计划总纲，是监督和评估工作成效的依据。学术推广策划案有别于销售策划案，其基本框架体系包括六大部分：**外部市场环境分析、内部运营环境分析、产品推广定位分析、产品推广定位策略制作、学术推广目标及行动计划、成效评估及管控措施。**具体内容，接下来将一一阐述。

一、外部市场环境分析

1. 负责区域市场容量有多大

对所负责的省份或地市，细分出以地市为单位分级别（三级医院、二级医院、基层医院）的医院终端数量、区域所有医院病床数、单个医院平均门诊量、区域所有医院的药品采购额，并制作报表，如表3－1所示。

表3－1　区域市场医疗机构情况分析表（例）

省份	市/区级	医院等级	医院终端数	医院病床总数	单医院门诊量	药品采购额
重庆	荣昌	三级	1	500	1000	10000万
重庆	荣昌	二级	4	600	2000	10000万
重庆	荣昌	基层	30	600	3000	5000万
重庆	荣昌	汇总	35	1700	6000	25000万

备注：数据来源，可以去当地卫生局网站或其他政府网站查询。

通过表格分析，可以了解区域市场医院终端的分布情况，以及各级医院的市场容量潜力，便于学术推广市场方向的决策。

2. 负责区域市场的政策有何变化

最近一年内，负责区域出台了哪些医改政策，还有哪些政策即将出台，会带来什么样的影响？比如，不同级别医院的患者分布？药品的招投标及医保受限对价格的影响等。制作报表，如表3－2所示。

表3－2　区域市场政策情况分析表（例）

省份	市/区级	时间	政策文件	核心内容	给我们带来的影响
重庆	省属	2017年4月30日	《有关重庆市场两票制执行的实施方案》	1. 在2017年6月30日执行 2. 所有厂家必须在6月20号前，完成药交所的三方钩稽工作等	1. 商业渠道必须重新调整规划…… 2. 地方基药目录会重新筛选甚至议价……
重庆	省属	2017年8月	《有关附医系统药品降价采购的通知》	附医系统的药品会与全国最低挂网价持平	1. 我们的产品也面临降价…… 2. 该系统的销售会有影响……

通过对区域的政策进行梳理，分析出对我们学术推广市场及策略的影响，便于方案更好的落地执行。

3. 负责区域有什么气候特点及特殊风俗习惯

区域的气候特点与风俗习惯，影响哪一类疾病群体较多，以及用药习惯等。比如，黑龙江冬天是心血管疾病的高发期，加上地广人稀，基层医院规模小，硬件设施不理想，导致二级医院的首诊率很高，在秋冬时节患者相对较多……

北京是分级诊疗的示范地区，基层首诊基本已形成体系，三级医院患者量减少，并且用药受限，医保资金充沛……

通过对地方特色政策的分析，确定出患者较多的病种、重点推广市场方向、重点推广时间阶段等。

二、内部运营环境分析

1. 销售总指标的变化

比如，按每月对各级医院的销量占比进行趋势分析。

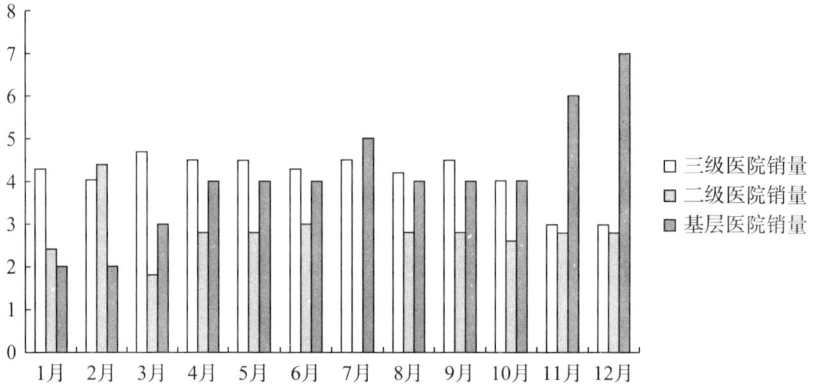

图 3－1　各级医院分月销售情况分析图（例）

如图 3－1 所示，我们可以做这样的思考：三级、二级、基层医院在区域销售中的占比各是多少？哪个等级的医院增速较快？哪个等级的医院增长缓慢？什么原因？针对这样销售占比情况及销量变化情况，下一步重点推广市场在哪里？

通过制作数据表格，阐述以上问题产生原因，找到有潜力的推广市场。

2. 开发医院终端情况分析

对开发医院终端的情况分析，要具体到新开医院的单产量与已开医院单产量及其对比，以及各等级医院终端覆盖率的情况。

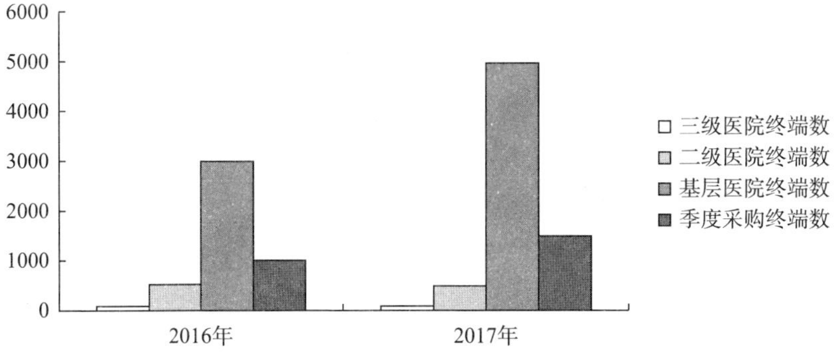

图 3－2　2017 年与 2016 年各等级医院终端数对比图（例）

备注：季度采购终端数为当季度有实际销售的医院终端数。

如图 3－2 所示，我们可以做这样的思考：对比去年，哪个等级的医院在增长？哪个等级的医院在下滑？什么原因？季度采购终端数与所有医院终端数的比值是多少？对比去年有什么变化？什么原因？

通过制作数据表格，阐述以上问题产生的原因，明确医疗终端的发展趋势，以及学术推广后的成效。

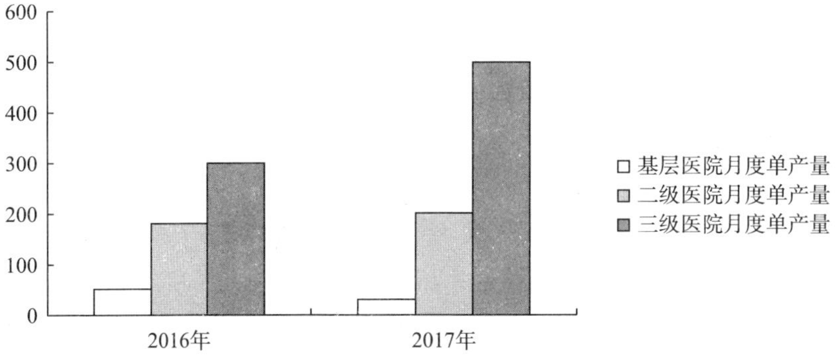

图 3－3　2017 年与 2016 年医院月度单产量对比图（例）

如图 3－3 所示，我们可以做这样的思考：对比去年哪个级别的医院单产量提升、下滑？什么原因？

通过制作数据表格，阐述问题产生原因，评估学术推广后的销量成效。

3. 整改医院的指标情况

整改医院，即在责任区域内，有潜力、有问题、能改变，并纳入人员考核的部分终端医院。

表 3－3　某年湖北省整改医院指标完成情况（例）

时间/项目	省区/地区	整改医院库实际达成销量	同比去年整改医院库增量	季度整改医院指标达成率
一季度	湖北	40000	5000	90%
二季度	湖北	50000	10000	110%
三季度	湖北	60000	20000	85%
四季度	湖北	70000	30000	120%
汇总	湖北	220000	65000	103%

如表 3－3 所示，我们可以做这样的思考：哪个季度完成得比较好、比较差？什么原因？是否有季度整改医院指标达成与整改医院库增量不相匹配的情况？什么原因？

通过制作数据表格，阐述以上原因，分析整改医院库及季度整改医院选择的合理性。

4. “兼职销售员”的销量变化及“兼职销售员”开发情况分析

这里的“兼职销售员”，就是以前所谓的代理商，现在叫作“推广服务外包商”。可以自己制作一个区域排名前 10 名“兼职销售员”的销量及开发分析表（同比去年），然后将“兼职销售员”进行分类：哪些是优质“兼职销售员”？哪些是潜力“兼职销售员”？哪些是淘汰“兼职销售员”？

（1）优质“兼职销售员”：销量稳定有增长，有一定政府公关能力，重点以客情维护为主，代表培训及学术活动工作为辅。

（2）潜力“兼职销售员”：销量增量明显，有自己的直营队伍，与公司文化战略相一致，有一定的学习能力，重点以代表培训及学术活动为主，客情维护为辅。

（3）淘汰“兼职销售员”：销量下滑，无直营队伍，与公司文化战略相违背，则需要逐渐减少其市场范围，提前储备好新“兼职销售员”。

通过分类自己区域的“兼职销售员”，确定出明年重点学术扶植的对象，即优质及潜力“兼职销售员”，他们是学术推广费用及活动重点倾斜的对象。

三、产品推广定位分析

1. 医学部资料的深化学习

首先，要把医学部制作的产品手册进行深入学习；其次，针对医学部制作的标准课件（科会版和代表培训版）进行常态练习，标准话术要熟记；最后，针对最新文献资料、病例分析、医学知识进行常态学习。

2. 区域竞品的收集及分析

竞品分析一般可以通过两个途径进行了解。

途径一：医院终端实地调研，如表 3 – 4 所示。

表 3 – 4　终端竞品调查表（例）

人员	医院	科室	医生	疾病	路径	竞品	竞品卖点	竞品销量
王××	三级	肾内科	李	肾病综合征	××	××	××	××
	二级	神内科	张	××	××	××	××	××
	基层	心内科	赵	××	××	××	××	××

备注：每个区域选择三甲 2 家、等级 5 家、基层 10 家进行调研。

途径二：大型医药商业公司调研。从当地大型医药商业排名前三的企业中，调查出与公司产品同类、功能主治相似、销量排名前三的产品。

无论是医院终端实地调研，还是大型医药商业调研，确定竞品(1~3个)后，要对竞品厂家的团队情况、价格体系、学术推广能力、专家团队、渠道规划等内容做相应的调查，找出我们与其他产品差异化的亮点。

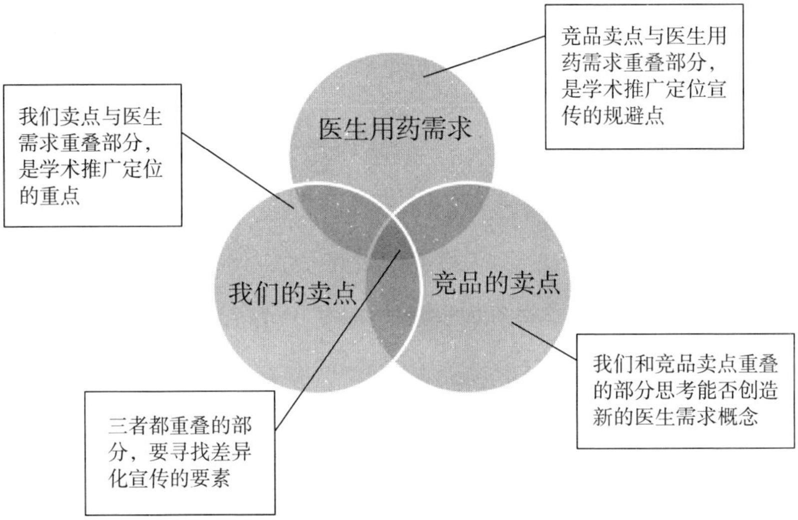

图3－4　竞品调研分析框架

当区域确定出竞品后（1~3个），要用表格的形式罗列出该科室医生的用药需求、我们产品的卖点、竞品的卖点，然后做一个汇总分析，如图3－4所示。首先，提炼出我们卖点与医生用药需求重叠的部分，进行重点定位宣传；其次，要关注我们和竞品共有的能满足医生需求的卖点，思考如何打造差异化的要素；最后，针对我们有的，但没有满足医生的用药需求的卖点，要思考怎么创造新的需求可能性。

3. 运用FAB法则阐述产品的定位话术

(1) 什么是FAB法则

所谓FAB法则，即属性、作用、益处的法则，FAB对应的是三个英文单词：Feature、Advantage 和 Benefit。这是一种说服性演讲的结构顺序，它达到的效果就是让客户相信你的是最好的。

（2）用一句话描述产品的定位

一句话的句式：什么产品？由于有什么特点和优势（包含药代动力学、用法用量等），从而在治疗什么类型的疾病、患者等方面具有什么优势？

我们来总结一下产品学术定位分析的流程：首先，通过在某些科室疾病的医生和患者中调研并罗列需求；其次，通过医院终端和大型医药商业调研，确定出产品竞品（1 ~ 3 个）；最后，通过罗列医生用药需求、我们产品和竞品卖点进行对比分析，用 FAB 法则一句话描述出我们的产品定位。

四、产品推广定位策略的制作

1. 什么是“首、换、联”

医生的用药治疗习惯一般有：

（1）首诊用药。

（2）针对效果不明显或不良反应的特异人群进行换药。

（3）如果治疗效果不明显或为了降低其他药的毒性，而采用联合用药的治疗方法。

2. 制作学术推广定位策略表

学术推广定位策略表，如表 3 –5 所示。

表 3 –5　某省学术推广定位策略表（例）

区域	医院类型	科室	疾病类型	疾病阶段	用药路径	“首、换、联”学术定位话术阐述
广西	三级	神内科	脑卒中	治疗和恢复期	氯吡格雷	用联的方法氯吡格雷 + 脉血康，能有提高什么？能降低什么

备注：在学术定位话术阐述中除了运用“首、换、联”的方法，还需注意一定要有具体的数据和来源阐述。如有效率、治愈率、康复率提高多少？不良反应、发病率等降低了多少？从哪里来？

五、学术推广目标及行动计划

1. 学术推广工作可量化的目标

学术推广工作可量化的目标有如下几个：

（1）整改医院数量及销量指标：根据整改医院库的数量，预计整改医院库的增量并进行明确阐述。

（2）学术活动开展数量目标：对代表培训会数量、科会数量、主导型综合性学术活动数量、参与型综合性学术活动数量进行明确阐述。

（3）学会及专家维护的目标：根据专家网络建设目标，确定人数及名单、需要跟进的学会名单及维护参与次数。

（4）医学部跟进的项目目标：根据医学部制定的项目要求，确定项目跟进目标，如专家征文数量、病例收集数量等。

2. 学术推广行动计划

学术推广计划主要由以下四个表格进行推进和评估：学术活动计划推进表（表3－6）、代表培训计划推进表（表3－7）、专家维护计划推进表（表3－8）与学会维护计划推进表（表3－9）。每季度评估成效一次，半年后根据推进进度和市场情况进行微调。

表 3－6　学术活动计划推进表（例）

时限	活动类型	数量	内容阐述	预期目标	费用预算	是否达成及未达成原因阐述
一季度	科会					
二季度	学术沙龙/病例分享					
三季度	基教/病例收集					
四季度	……					

备注：根据情况，分阶段制定大型学术活动类型，重点推广目标学术定位科室和适应证，宣导年度学术推广定位理论。

表 3－7　代表培训计划推进表（例）

时限	专/兼职销售员	数量	课件内容阐述	预期目标	费用预算	是否达成及未达成原因阐述
一季度	王××	2	物料的使用、产品手册学习			

备注：针对潜力和优质“兼职销售员”进行常态团队培训，提前与“兼职销售员”沟通需求，制定年度培训计划及课件体系。

表 3－8　专家维护计划推进表（例）

时限	专家及背景阐述	合作项目	内容阐述	每月频次及预期目标	费用预算	是否达成及未达成原因阐述
一季度	王××	征文	根据医学部制定的征文标准进行跟进	每月4此，一季度一篇征文上交	800/月，共2400元	

备注：根据不同类型专家的需求设计医学项目跟进，费用预算根据部门规定执行。

表 3－9　学会维护计划推进表（例）

时限	学会及简介	计划活动	参与方式	预期目标	预算	是否达成及未达成原因
1月	中华医学会脑病广西分会	脑卒中的治疗与研究成果	讲者讲解、展台展示、其他	培养专家讲师1名、提高哪几家医院医生的认知度、讲解公司产品定位等	6000	

备注：在年初提前与学会组织策划关键人进行衔接，根据学会全年的活动日程安排，商讨出学会跟进的计划，及时根据具体情况进行调整。

六、成效评估及管控措施

1. 季度评估报告及半年优化机制

在季度工作报告里，需要阐述四个计划推进表的达成情况。半年后，并对全年学术推广策划案不合理的地方进行微调。

2. 部门内控体制

针对会议开展、专家维护、学会参与，严格根据部门要求填写相关报表。部门通过报表和定期，以随机抽查相结合的方式，对申请、过程、成效、费用使用情况进行把控和评估。

3. 省区监督检查机制

省区负责人是学术策划案推进执行、监督和评估的第一责任人，针对各项活动及项目的执行情况要尽到监督、检查、评估的责任。

4. 第三方飞检

根据推广内容欠缺的部分，每月制定学习和提升计划，在周/月报表里面严格要求自己务实填写，定期回顾自己的学习进度，加快提升自己学术推广能力。

第四章
代表培训会

一、代表培训会的意义

据有关机构调查研究，医生对产品的处方观念，70%是依靠代表一对一的产品推广和客情维护而来，15%是通过参加大型活动而得，10%是来源于专业书籍及杂志，5%是因为其他外界因素。

因此，代表对产品的认知度，沟通能力的强弱，对医生处方能起到非常关键的作用。但现实情况是，大多数代表只重视“带金”和客情，对产品及医学知识掌握不足，对物料的使用不够明确，没有经过科学系统的沟通技巧培训。基于上述现状，大面积、系统性的代表培训工作迫在眉睫。

在国家医改政策的打压下，医药代表面临着不转型就淘汰的局面。作为企业推广部门，必须成为医药代表培训队伍的主力军，把医学和产品定位完整传达到代表层级，让代表学会使用物料，熟练掌握专业的客情技巧。

二、代表培训会的流程及内容

小型代表培训会一般人数在20人以内，培训的场地一般为企业或外包商办公地点，受训代表成绩优秀者给予礼品。大型代表培训会一般人数会在20人以上，培训场地一般在外包会议室开展，可给受训代表提供礼品或适当的餐饮补助。**代表培训会的组织可分成准备阶段、开展阶段与会后阶段**。

1. 培训准备阶段

（1）培训课件制作及优化

在部门培训课件库里进行挑选，优化出适合自己市场情况的课件体系。一般课件分为四大类：产品知识类、工具使用类、销售技巧类与心态管理类。需要根据企业现状需求，制作培训计划，如表4－1所示：

- 产品知识类，如产品手册的学习、产品课件的学习、文献指南的学习等。
- 工具使用类，如彩页的使用、宣传卡片的使用、文献汇编的使用、指南共识的使用等。
- 销售技巧类，如客户管理技巧、面访客户技巧、沟通话术技巧等。
- 心态管理类，如压力管理、如何建立积极心态、执行力的体现等。

表 4－1　某外包商代表培训计划模板

月份	培训课题	培训目的	服务外包商
1月	产品基础知识培训	使销售人员对产品内容有初步全面的了解	王总
	产品推广方向培训	对产品知识有初步了解之后，加强培训使销售人员对产品推广有侧重点	丁总
	物料使用培训	使销售人员能够合理正确的使用现有物料	××
2月	神经内科产品知识培训	等级终端神经内科产品知识的专项培训	××
	产品信息讨论会和临床推广问题及解决办法	就产品知识进行交流，使销售人员可以准确传递信息	××
	如何有效组织开展科会	使销售人员能够合理正确的使用现有物料	××
3月	心内科产品知识培训	等级终端心内科产品知识的专项培训	××
	用药经验分享（培训与讨论）	现有用药经验的分享，提高销售人员在拜访中对于产品诊疗方案的传递意识	××
	如何进行统方管理	提高销售人员对于统方管理的重视度	××
4月	肾内科产品知识培训	等级终端肾内科产品知识的专项培训	××
	拜访前准备有哪些?	就该市场销售人员拜访前需要准备工作进行培训	××
	如何进行有效的客户管理	提高销售人员对于客户的管理效率	××
5月	妇科产品知识培训	等级终端妇科产品知识的专项培训	××
	人物性格分析培训	根据客户不同性格进行针对性管理，可作为客户管理培训的补充	××
	专业拜访技巧	引导销售员进行有效拜访，是销售人员掌握专业拜访技巧	××

（2）与专/兼职管理者沟通培训需求

当自己区域的课件体系整理完毕后，要与培训目标的专/兼职管理者及核心代表进行沟通，了解其市场上发现的问题，以及培训的需求，把问题和需求进行收集整理。

（3）量身定制课件及培训计划

根据其提出的问题和需求，对课件进行调整优化，制定出针对目标专/兼职管理者的培训计划，建议每个目标客户有10个以上课件的培训计划。可根据客户需求，设计分阶段、分层级的培训计划。

（4）与专/兼职销售管理者确定培训时间和频率、地点

课件体系设计完毕，可根据销售团队的具体情况，安排好培训的频率，一般是在其周会或月会上进行培训，每月1～2次比较合适，地点一般是在销售团队的办公室或公司驻外办公室。

（5）提前准备培训相关的签到表、考题/调研表和奖品

提前确定培训人数和名单，准备好签到表、考试卷/调研表与奖品。相关表格标准可根据部门统一模板执行，在公司系统里面填写代表培训申请，奖品根据部门费用报销标准提前准备，奖品只发给考核成绩排名靠前的人员。

（6）自身服装和状态的调整

培训时应穿正装，在培训前一定要温习课件内容，演讲时要自信大方得体。

2. 培训开展阶段

（1）培训签到

所有参加培训的人员必须在签到表上签字，组织人确定所有人员到场参会。

（2）培训开场白

培训开场白可采用“四步曲”方法：

第一步：感谢……

第二步：自我介绍；

第三步：提问或讲故事；

第四步：今天给大家分享的内容是……

大家可以运用这个培训开场白的范本进行训练。

（3）培训中讲解

会中的课件讲解切记不要全是文字，要多一些图片或视频，在会议期间可以多安排一些提问和互动环节，多增加一些案例分析，比如，医生常见问题解答，不良反应的处理解答，等等。

（4）讲后问答及交流

在培训会后一定要安排一个问答环节，目的是为了解其市场终端上出现的现实问题，而且我们要做好问题记录并及时回答。回答不了的，进行记录，会后查阅资料或向医学部同事请教，1 周内进行回复。团队内部也可安排一些成功案例分享交流，提炼优秀案例，优化培训课件。

（5）讲后考试或调研

最后一步就是对培训内容当场考试/调研。产品知识和工具使用类培训，可以运用考试的方式；销售技巧或心态类培训，可以运用调研表的方式。对考试排前几名或调研表填写比较完整的学员，要给予适当的奖品以示奖励。

3. 培训会后阶段

（1）整理考试卷/调研表

分析会议开展成效，找到本次培训的亮点和不足，认真分析原因，思考要改进的地方，分析考试成绩和调研表，了解哪些代表掌握程度好，哪些代表掌握程度差，下一次培训重点关注哪些代表。

（2）与问题终端的代表进行协访，强化培训内容

培训的目的提高实战能力，通过陪代表随访，观察他们消化的程度，针对掌握不好的人员再进行一对一的深化培训。

（3）与专/兼职销售领导沟通

会后要把培训结果和培训过程中发现的问题上报给销售领导，一起讨论问题解决方案。建立培训档案，根据培训人员达标情况，设计分层级的培训方案。

三、代表培训会常见问题与解析

常见问题 1：培训前参会人员已邀约好，但代表到会率不高；培训时，学员会前迟到，会中纪律不好，甚至提前离场。

建议：关于到会率不高和中途离场的问题，主要原因有三个，即管理层不重视、代表不重视、推广人员培训能力不足。

代表的管理层不重视，首先要看是公司自营，还是代理模式，一般公司自营模式比较好处理，只要把相关培训制度建立完善即可。难点是代理模式。对一些无法改变的代理商，一定要考虑淘汰优化，但还是要用一些技巧尽量说服，一旦达成约定，切记一定要嘱咐他给代表施加压力，强调学习的重要性。

代表不重视，这个问题很普遍，要说服管理层在培训方面运用奖惩激励，企业推广人员也可以设计一些激励手段，比如考试成绩靠前的人员给予一定礼品或现金奖励。

作为推广人员，培训课件的质量、培训讲解的技巧也尤为重要，自身硬件要过关，让代表在培训过程中尝到甜头，在实战中有所收获。

还有几个节点注意事项；会前和销售团队管理者做深入沟通，强调会议的重要性，在培训会前一天提醒管理者，了解预期到会情况，让管理者提前做好会议纪律宣传工作，在培训前强调会议纪律，如有准备礼品，要安排在会后领取。

常见问题2：培训后代表消化情况不理想，没有把所学的东西应用到实际工作中。

建议：所有的培训结果，都是有一部分人收获很大，一部分人没有收获。其实，培训收获最大的人群，是那些有学习意识、有空杯心态、有进取心的人。因此，不能奢求所有人都会在培训后产生实效。根据二八定律来看，能有百分之二十的人，在培训后能在实战中充分利用知识已经很不错了。当然，代表消化不理想，推广人员也要做自我反思，自己培训的内容是否过于生硬，很难让代表理解。同时，不能期望一次培训就能解决所有问题，培训一定要有体系化常态进行，学会化整为零，哪怕是把一个知识点讲明白、讲透彻，也比敷衍了事地通讲一遍强。多开展一些讨论培训活动，增加代表的参与兴趣，在后期协访时，随时巩固讲解培训内容，直到代表完全消化，能在实战中使用并产生实效为止。

第五章
开展科会

一、科会及其要求

科室会是指在一定时间内，将一定数量的医务人员，集中进行正规产品宣讲推广活动的总称，是专业推广最重要的形式之一。按推广地点和形式的不同，一般可分为院内科室会和院外科室会。院内科室会和院外科室会各有优劣。院内科室会，听者的注意力比较集中，形式比较正规，合规性也比较好，费用也相对较低。院外科室会，整体氛围比较轻松，可以利用会议加深客情关系，但费用成本较高，合规性也不好。科会推广范围人群，主要还是科室内部人员，切记尽量减少无关人员参会。科室会的召开，应该在产品进入医院之后，科室主任基本接受产品、接受公司、接受代表的前提下进行。其中，医药代表起到很关键的作用，如果代表之前的客情关系好，将大大提高会议的到会率及成效。

开展科会要在有潜力、有问题（客观不能解决的问题除外）的医院中进行选择，已经达到最大潜力销量的医院建议不忙选择。开展会议的科室要根据公司医学部定位方向选择，也要考虑科室沟通的情况而定。开展科会邀请的客户包括以下几类人群，即科主任和副主任、重点VIP客户（可作为枪手客户提问）、潜力客户（处方量不大，可以增加患者群的客户）、难点客户（没有处方、对竞品忠诚度较高的客户），客户的人数一般不低于5人。根据现在国家政策对学术活动开展的要求，必要时要在医疗机构相关部门备案。

二、科会前要准备什么

1. 会前调研

会前调研的内容包括以下几个方面：

（1）科室基础信息调研：科室医生人员状况、干群关系、医护关系、床位数、病床使用率、门诊数等基本信息。

（2）科室关键客户信息：需要了解清楚谁是科室的真实负责人，一般可能是科室主任或副主任，还要了解处方量大的客户的基本信息。

（3）我司产品用药情况：对我司产品的门诊使用量、住院使用量、每个医生的处方情况要进行调研。

（4）竞争产品用药情况：对于我司产品类似、处方量较大的产品进行调研（一般是调研 1 ~ 3 个竞品），了解其门诊使用量、住院使用量、每个医生的处方情况，对竞品的优势和劣势进行分析整理。

2. 关键客户沟通

关键客户一般分为两种：行政权力关键客户（主任或副主任），处方关键客户（科室中资历比较老、患者多的医生）。

（1）行政权力关键客户：与其沟通，确定出会议时间、地点、形式、参会人员等。最好是能得到其支持，在会议上能提前讲解产品和强调会议纪律。个别医院有开展科室会的规定，需要在相关部门（医务处）进行备案。

（2）处方关键客户：提前跟大处方客户进行沟通，了解产品使用的问题，推广定位适应证的用药路径，以及了解竞品的使用情况及优势等。

3. 明确会议目的及类型分析

科会的目的及类型一般包括以下几种情形：

（1）产品进院已久，需要在目标科室里增加新适应证推广定位的宣传，增加客户在新适应证领域的处方机会。

（2）科室没有使用过产品，需要讲解产品基本情况、厂家基本情况、重点使用领域、临床应用案例等。通过对产品基本情况的阐述沟通，了解科室的基本情况，以便于后期临床跟进。

（3）科室的竞品太强，我司产品一直上不了量。需要提前把竞品的基本信息了解清楚，了解其医生使用的领域，找出我司产品在某些适应证治疗期的差异点与优势，目的是在竞品使用已成惯性的患者群中，找到我司产品的学术优势进行宣贯。

（4）通过科会，加强临床团队的客情维护。了解客户对产品的真实看法，收集临床使用上的问题，会后做好分析工作，为下一步临床推进做好铺垫。

按照上述目的与关键客户沟通后，根据客户需求调整我们的产品课件及时调整讲解话术。

4. 准备与演练课件

根据沟通情况准备课件，提前进行课件的演练，预计可能遇到的问题及答案，提前准备相关文献并熟悉。

科室会的课件内容一般包含：厂家介绍、产品的基础信息介绍、作用机理、临床疗效、病例分析、与竞品的差异和临床用药推荐指南等。其中病例分析、临床用药推荐指南与使用注意事项要做重点讲解。

提前罗列出客户可能会提出的问题（在与关键客户沟通的时候，可以提前了解一部分），并准备好应对的话术和文献资料，也可以提前和关键行政客户做好沟通，在遇到一些棘手的问题让其进行协助解答。

5. 其他基础物料的准备及着装

（1）其他基础物料

① DA：要提前准备适合科室使用的 DA，在 DA 上可以注明重点信息，建议在会中也简单讲解一下。

② 杂志或文献：提前准备推广科室的代表性核心文献，也可以准备一些有产品宣传的核心期刊。

③ 临床用药方案：做一个简明版的临床用药方案，可参考产品知识手册中的相关内容，主要包含：相关适应证、正常临床用药路径（如果了解该科室的用药路径，也可以落地进行修改）、脉血康“首、换、联”使用方式的阐述以及使用脉血康后的优势及其来源，如表 5－1 所示。

表 5－1　“脑梗死恢复期”临床用药方案（例）

适应证	指导用药	推荐用药
脑梗死恢复期	抗血小板制剂＋脑细胞保护剂＋自由基清除剂 如：阿司匹林 100mg，qd＋尼莫地平 30mg，tid＋依达拉奉 30mg 加入 250ml 生理盐水中静脉滴注 bid，2 周常用药以上述药物组合方式，另有其他方式，如单用阿司匹林或使用氯吡格雷替代阿司匹林、加用其他中成药制剂等	抗血小板制剂＋脑细胞保护剂＋自由基清除剂＋脉血康胶囊 如：阿司匹林 100mg，qd＋尼莫地平 30mg，tid＋依达拉奉 30mg 加入 250ml 生理盐水中静脉滴注 bid，2 周＋脉血康，750mg，tid

续表 5－1

适应证	指导用药	推荐用药
药物组合评价： 1. 联合用药组患者 hs－CRP（超敏 C－反应蛋白）、Hcy（同型半胱氨酸）降低明显，在治疗后，可见患者 ET－1 及 TXB2 水平明显降低，同时 NO 水平显著升高，降低内皮损伤和动脉硬化的发生； 2. 联合用药组患者全血黏度与血浆度、全血高切还原指数、全血低切还原指数、血浆蛋白水平，减低总胆固醇、甘油三酯水平及神经功能缺损评分； 3. 联合用药组降低 PAG（血小板聚集率），患者的血脂、凝血指标全面改善		

建议将以上三种培训物料统一做成资料包，根据培训人数整理分装。

（2）培训设备：提前了解场地是否有培训需要的相关设备，并检查能否正常使用。如果没有，可自带投影仪、激光笔、连接线等。

（3）着装：尽量穿着正装，如商务衬衫、西装外套、深色裤子，深色皮鞋（女生穿高跟鞋、穿商务套装等）。

三、科会中要注意什么

1. 提前到会场做好准备

提前到场地，与关键客户进行沟通，做好相关设备的调试，分装好物料及礼品。

2. 选择合适的开场白，引起医生兴趣

通常，可以使用一套简单模版做开场白，即感谢、自我介绍、今天要讲解的内容是……这是培训常用的开场“三板斧”。但是，要想与众不同，引起兴趣，需要再加上一些演讲技巧。以下有几种方式可做参考：

（1）案例式：讲解最新治疗领域方面，客户比较困惑的问题，强化讲解内容的权威性。

（2）提问式：针对客户临床治疗可能发生的问题进行阐述，引出要讲解的大纲及内容提要。

（3）视频式：可放一段产品相关的视频或专家使用经验录像等，引起大家的兴趣。

（4）专家开头式：提前和科室内的行政或处方关键客户沟通，让其在讲解前针对产品做一些使用经验宣传。

3. 演讲技巧：注意肢体语言、声音、文字的分配比例

讲解时尽量不要看 PPT，要学会运用几种演讲手势；声音尽量洪亮，语速不能过快，要有停顿；课件的文字要清晰，重点内容要突出，临床用药方案、病例分析、注意事项三个方面要重点讲解；充分利用 FAB 技巧的转换，思考医生和患者对产品的需求，进行论证和说服。

4. 讲解时间要控制

一般科室会，时间控制在 10 ~ 15 分钟为宜。当然，也要根据具体情况而定。其中，开场白、厂家基本情况介绍在 2 分钟内，产品基础信息及作用机理讲解在 2 ~ 5 分钟内，临床用药方案、病例分析、注意事项及不良反应病例讲解在 10 分钟左右。具体可根据实际情况，调整时间分配。最后，要强调用法用量，建议尝试处方。

5. 培训后讨论及答疑

客户提问时，主要围绕临床用药方案、病例分析、注意事项三个方面，建议提前做好相关准备。产品的答疑要实事求是，尽量基于文献和权威教材指南作答；如果确实回答不出来，看看科室内的关键客户能予以回答；当场答不出来或回答的内容没有得到医生的认可，可以先进行记录，说明查阅好相关资料或跟医学部反馈后，一周内回访时给予解答。

6. 讲解讨论后的一对一沟通

最后，对没有处方和处方量较小的医生进行一对一沟通，了解其主要患者群，重点介绍此类患者使用我司产品的成功案例和良好效果，对医生提出的具体问题进行再次答疑，再次推荐其尝试处方。

四、科会后要总结跟进什么

每个公司都有相关会议核销要求，所以会后别忘了填写科会总结，完善核销要求事项。会后要对会议开展的问题及亮点进行总结，问题有哪些？下次会议如何改进？亮点有哪些？是否能总结归纳出可复制体系？

推广人员自身要做出两周内的回访计划，重点要对会议有异议的客户进行回访，对没有参会的客户也要再次拜访，核心是解决处方量小、未处方的客户的用药问题。

推广人员要与代表深入沟通，确定出会后两周内的回访计划，包括目标客户拜访次数、宣传的定位等内容。因为有时终端距离较远、客户较多等问题，推广人员不能把目标客户一一回访完毕，这就需要督促代表，把会议宣传的定位理念持续深化。

一般回访的时间，在会后两周内最佳，如果回访时间过长，客户会对会议内容遗忘，要学会趁热打铁，利用最短的时间，巩固会议定位宣传内容。

回访的目的有以下几点：

（1）承诺兑现：对上次会议遗留的问题进行回访解答，对文献和其他物料的支持承诺进行兑现。

（2）定位深化：针对会上讲解不清晰、有疑惑的地方，进行再次拜访讲解。

（3）了解疑点：发现客户新的处方难点，做好相关记录，并跟进回复解答。

（4）预约项目：了解参与公司其他活动项目的可能性，做好专家网络建设规划。

三个月后对会议的成效进行评估，包括销量变化、处方客户数量变化、客户处方量变化等。这点要作为推广人员重点考核项，根据数据统计进行分析，制定出下一步跟进措施。

第六章
医院整改方案

一、什么是医院整改方案

学术推广工作的一项重点内容就是：针对自己责任区域终端，发现问题、分析问题、制定方案、沟通优化、监督执行。每个责任区域都存在有潜力但有问题、可上量的终端，我们可以把这些终端统称为“整改医院”。我们需要定期梳理整改医院名单（建议每季度梳理一次），并把这些医院的销量变化作为推广人员的重点考核指标。制作方案前，要与代表深入沟通，并实地了解终端的潜力和问题，一同商讨医院整改方案内容，最后监督其落地执行。

制定医院的整改方案内容，其实就是你把自己当作“代表”，思考应该如何开展工作。所以说，引进推广人员，最好是招那些有过临床工作经验的，这样更有利于推广工作的开展。推广人员要深入了解问题所在，利用多种手段开展工作，如利用技能培训、物料使用强化、活动开展、项目推进等手段，最终改变目标客户的处方习惯。

当企业采取推广服务外包形式时，制定医院整改方案的工作更加关键，推广人员扮演的角色也更重要，因为“服务外包商”存在诸如直营管理能力不足、产品结构较复杂、重视度不足、代表能力欠缺等问题，其代表对临床工作不关注、不了解。甚至有很多服务外包商还做二次分销，对终端情况根本无法把控。所以说，此项工作对推广服务外包商来说就尤为重要。帮助其发现终端问题，提出合理化方案建议，也是企业推广部应打造的增值服务项目之一。

二、医院整改方案怎么制作

医院整改方案一般可分为两个部分。

首先，是整改医院潜力调研及代表行动计划。重点整改医院需要与代表深入交流及实地考察，分析出医院的潜力及存在的重点问题，制定出阶段性的代表行动计划，监督执行情况，定期优化落地。

（1）潜力调研内容包括：医院科室分布、重点推广科室、目标科室医生数量、目标门诊科室、目标门诊量情况、目标科室住院床位、目标科室住院病人量、我司产品使用情况、竞品情况等。医院销量潜力分析公式：目标科室（住院、门诊）的目标患者量×说明书患者使用比率×30%。

（2）代表行动计划：分析代表层面影响销量的要素，如客情情况、费用情况、目标科室重视度、关键客户关系等。根据以上情况，与代表进行交流，讨论工作的改进建议，制定出周、月的行动计划，推广人员要每周进行回访监督检查，评估实施成效。

其次，是学术推广计划。在对整改医院的调研表做分析后，推广人员列出培训、活动、专家维护等工作计划。代表行动计划执行的主体是代表，推广人员负责监督评估。而学术推广计划执行的主体是推广人员，代表负责监督评估。无论哪个计划，首先都要做好调研工作。

为了方便大家理解医院整改方案的制作，可以根据以下表格模板进行填写（以单个整改医院为单位填写），如表 6－1 所示。

表 6－1 整改医院调研计划表（例）

序号	问题阐述	调研描述及代表行动计划	学术推广计划
1	医院的终端推广科室有哪些？推广目标客户有多少？患者量及医院产量预估	例：医院重点推广科室有 3 个（心内科、神内科、肾病科），推广目标客户共 40 人（心内 15. 神内 15. 肾病 10）。预计患者量 100，潜力产量 2000 盒	例：此医院季度内计划开展科会（ ），代表协访次数（ ），代表培训的内容（ ），专家维护的名单及次数频率（ ），综合性活动的可能性及安排（ ）
2	还有哪些科室没有使用？什么原因	例：妇科没有使用，原因是××，下个月/季度的代表重点推广工作是××	例：妇产科在（ ）时间内开展（ ）科会。拜访哪些专家？次数和频率是
3	已进科室还有哪些客户没有尝试？什么原因	例：心内科（××、××……），原因是××，下个月/季度的代表重点推广工作是××	例：什么时间？开展科会计划？拜访哪些专家？需要了解哪些问题？次数和频率是
4	客户尝试患者群较小的有哪些？什么原因	例：肾内科（××、××……），原因是××，下个月/季度的代表重点推广工作是……	例：代表培训的疾病类型？物料使用的重点？拜访哪些专家？需要了解哪些问题？次数和频率是
5	重点推广科室的潜在竞品排名前三的是哪些？他们的推广优势有哪些	例：心内科，品种 1（××），优势是××；品种 2（××）优势是××；品种 3（××），优势是××	例：对比竞品分析，制作出我司产品的优势及话术……制作差异化培训课件和物料话术内容，什么时间？代表培训什么内容

注意，上述表格一定是与代表深入沟通，并去终端实地了解真实情况后所填写。其核心是在计划制定上，切记要针对问题的具体情况与代表达成一致后制定。当然，在实施过程中，具体的计划措施的额可以根据实际情况进行微调。制作代表行动计划和学术推广计划时，一定要明确具体时间节点、事项、目标，并在月/季度末对计划事项达成情况进行监督评估。

三、整改方案的实施及注意事项

1. 方案的实施

在确定整改医院方案的前一周，一定要和代表一同协访医院，把调研情况做好记录和分析，制定出代表的行动计划及推广专员学术推广计划。计划时限可以按周/月/季度进行细化安排。

首先，针对代表的行动计划，进行每周/月细分，制定出每周工作事项目标，每周保持至少一次协访/电访的跟进频率，了解记录计划达成情况，收集计划执行时的问题，再根据具体目标达成情况，及时调整优化计划措施。

其次，要对学术推广计划，进行每周/月细分，安排好自己的工作行程，每周自行评估和优化。

最后，要评估方案成效，建议季度进行整理汇总，针对计划执行情况的不足和亮点进行分析（在季度计划和总结里面），确定出下个季度调整和优化的方案。

2. 方案的注意事项

（1）调研情况分析，一定要与代表深入沟通，并在终端实地调研后，再进行记录整理。

（2）代表行动计划要深入协商，一些难点问题可以和其管理者沟通，必须达成一致后才能记录整理。

（3）代表行动计划及推广人员学术推广计划要有时间节点、具体事项、目标阐述。时间节点最好细分到周/月/季度。

（4）计划内容可根据具体市场情况及执行难度，进行及时调整优化。

（5）时刻关注区域内政策动向、商业情况等信息，调整和优化整改方案。

第七章
协访代表

推广经理得到的一些信息，往往是通过销售团队管理者或代表传达而来的，难免会有很多错误。这些错误信息信息会误导我们，导致制作的方案无法落实，很难产生成效。因此，因此，协访代表拜访终端就很重要，特别是制作医院整改方案时，一定要去问题医院实地了解情况，与代表深入沟通，观察分析医院的问题所在。推广经理工作时间中占比最多的一块，就是协访代表工作，下面我们从协访前、协访中、协访后三个阶段来进行阐述。

一、协访前准备有哪些

1. 医院使用情况梳理

与代表见面或电访沟通，了解医院的使用情况（科室开发、处方情况、存在问题、需要支持），做好相关的沟通记录。

在科室开发情况方面，要知道医院有哪些科室？哪些科室已开发？哪些科室未开发？哪些科室正在开发？什么原因？

在处方情况方面，要了解哪些科室销量最大？已处方目标客户有哪些？哪些处方客户量大？哪些客户处方量小？没有处方？什么原因？

在存在问题方面，要收集医院所有未上量的问题，从客观/主观，好解决/不好解决等维度分类，客观理性地思考问题真实性。

在需要支持方面，了解其核心需求，需求中有学术方面的、有物料礼品方面的、有渠道支持的、有费用支持的，等等。通过对需求的分析整理，找出真正能解决实际问题的支持方法，与代表一同制定出医院整改方案。

2. 医院基础信息收集

对医院的基础信息进行梳理和分析，主要包含：医院级别、病床数、科室分布情况、医生分布情况、患者流量情况等。这可以通过网上检索，朋友打听、实地观察的方式收集，要做好基础信息记录工作。

3. 预约协访时间

根据代表拜访终端的时间进行安排，最好是在上午（推广人员能提前到终端，有充足的时间了解医院信息）或晚上（客户的时间比较充裕，能获得更有效的信息）。此项预约工作，最好与代表的管理者提前打下招呼，既可以利用管理者施压，提高协访的质量，也可减少与销售团队的信任冲突。

4. 做好访前记录

在拜访前，要在本子上列出拜访事项及目的。其中，拜访事项主要围绕代表、客户、医院及科室等维度进行，而拜访目的主要有以下几个方面：

（1）了解代表的基本信息及临床开展情况。代表也是我们的客户，需要了解代表的家庭情况、性格特点、兴趣爱好等信息，挖掘其需求，及时提供需求满足。了解代表的产品结构与价格体系，其拜访的频率，与客户及科室关系等情况，以此作为后期整改方案的重要参考。

（2）收集医院的基础信息、估算出医院潜力使用量。访前通过各种手段收集，要把科室分布情况、医生数量分布情况、门诊患者量、住院病床数、科室住院率等内容汇总分析，再对比一下同等规模医院的使用情况，估算出此医院的目标潜力使用量。

（3）拜访重点客户。梳理出使用量大、产品认可度高的，与使用量小、竞品认可度高的两种客户，分别进行抽访，了解其对产品的看法，收集其在产品定位相关适应证的用药习惯和处方原因。

（4）收集竞品信息。针对医院核心科室（重点考虑使用量不大和未进的科室）的竞品进行收集，可选择与我们推广定位方向一致、使用量大的前三名产品，了解客户处方的依据，以及竞品的优势。

（5）给代表讲解产品知识和物料使用。针对盲点科室（未开发或销量极小），要对产品知识深化宣贯，对代表层面要应用的四大物料，即产品手册、彩页、话术、临床用药方案做常态培训。

二、协访的工作步骤和注意事项

1. 提前到终端拜访

一定要比代表早到医院，可以充分利用这个时间，先把医院的基础情况摸清楚，分析医院上量潜力，并且可以验证代表电访反馈的问题，实际拜访科室，观察问题的真实性。

2. 与代表进行沟通

在医院要与代表深入交流，重点收集记录把他的一些基础情况、产品的费用、渠道情况、医院的处方情况及困难点。在这个过程中，更多的是聆听。除了收集基础信息和问题，还可以多沟通一些企业的发展情况及提供的物料、学术活动项目支持等。

3. 与代表一同拜访科室客户

这个过程更多的是观察，了解代表的临床工作能力，以及其客情开展情况，最终了解其临床工作的不足点与客情维护的问题点，以便后期交流建议时有的放矢。而且，这些收集到的不足及问题，可作为后期代表培训工作的案例使用。

4. 对重、难点客户进行协访

推广人员可以挑选医院的VIP处方客户进行沟通，了解对产品的使用经验与适应证处方理由，也要对难点客户进行拜访，收集其不使用产品的理由，挖掘其使用竞品的基础信息之时，讲解自家的产品优势。

5. 收集代表和自己发现的临床问题，讨论出解决方案

协访后，要抽出时间，把自己在协访过程中发现的问题进行整理，同时了解代表解决这些问题的方法，一起讨论，最后要达成一致解决方案，并做好相关记录工作。

三、协访后总结工作有哪些

1. 评估协防的目标达成情况

协访前，要把目的明确记录在本子上，拜访后也要对目的达成情况进行分析记录，其中肯定会有一些没有达成的事项，一定要标注清楚，在下次协访的时候完成。

2. 制作整改医院上量方案，与代表再次确认方案执行的可行性

推广人员在协访后要做一个文案工作，就是《整改医院调研计划表》把调研的信息，把代表跟进计划与推广人员学术计划制定出来，与代表先沟通方案的可行性，达成一致后，确定出方案内容。

3. 与直营主管/服务外包商沟通方案

针对临床上发现的问题和解决方案，与直营主管/服务外包商进行沟通，商讨整改医院方案执行的可行性，收集建议，并及时对整改方案进行调整。与销售管理者沟通，其实还有一个目的，就是得到他的支持，让其给代表施加压力，这样可以提高代表跟进计划的执行力。

4. 定期监督整改医院方案的执行情况

对于整改医院方案的执行情况，至少保证每周一次的跟进。方案在执行过程中，肯定会遇到各式各样的问题，方案没有绝对正确、完全落地的，需要及时根据执行情况进行优化，建议每周都要分析方案中执行问题沟通讨论，遇到具体问题，具体分析，及时优化调整。

四、协访过程中常见问题解析

1. 跟代表预约好，但结果没有到场

建议：在拜访前，最好让主管给其下达协访任务，并在预约电访时要阐述清楚，你要做什么？为什么要做？更给他带来什么好处？有哪些支持？如果他没有到场，之后要了解其是因为临时有重要的事，还是不想配合你的工作。若临时有事的话，就预约下次进行协访。如果是不想配合工作，就要和其主管深入沟通，并坚持与其再次预约，用你的真诚打动对方，强调利益的一致性。

2. 代表不说真实信息和问题，强调不合理客观因素

建议：强调未来学术推广转型的必要性，强调你的来意及给其带来的好处，尝试阐述样板案例，并突出我们的支持力量，慢慢打消他的戒心。

3. 代表产品结构多，根本不关注

建议：强调产品的学术价值和可持续性，强调我们能给其带来的其他利益（除金钱上的，还有我们的专家资源、学会资源、费用和物料支持、常态培训等），给其直营主管/服务外包商施加压力，设计倾向

我司产品的政策及人员配备。

4. 制定的代表行动计划执行不彻底

建议：计划是没有十全十美的，只有及时进行改进优化，才能更落地，更容易执行。方案和计划执行不好，主要原因可能还是在制作前没有进行深入调研和思考，没有和市场情况有效结合。切记，方案一定要和代表、直营主管/服务外包商深入商讨，达成一致后再执行。在计划执行遇到困难的时候，及时沟通问题，并调整措施，具体可以先易后难，先抓重点，再抓细节，但是一定要有不达目的誓不罢休的决心！只要你不放弃，一定能达到你的目标。

5. 代表只拜访熟悉客户，对陌生客户拜访较少

建议：评估陌生客户的处方潜力，如果潜力较大，就要了解清楚没有处方的真实原因。要和代表沟通未开科室及难点客户的重要性，与其一同拜访宣传产品定位，也可运用科会、其他项目活动与难点客户进行衔接。如果上述办法效果都不理想，就要和其管理人员沟通并施加压力，寻找合适的代表重新划分科室/客户进行维护。

第八章
综合性学术活动

一、开展综合性学术活动的目的

关于综合性学术推广，后面章节会有详细阐述。这里的综合性学术活动含义，主要是非科会的大型学术推广会议。我们先来说明一下，开展这类活动都有哪些目的？

1. 为区域专家、讲者提供活动平台

不同于 VIP 客户，专家、讲者的需求更偏向学术支持，因此可以充分利用开展综合性学术活动的契机，加深与这两类人员的合作关系。在活动开展时，也可以加强专家网络的客情维护工作，扩大和巩固区域专家网络。

2. 利用专家讲解，宣传学术推广定位

这点是综合性学术活动开展的核心目的，在会上可以把医学定位、产品定位统一进行推广，有时也会做一些病例分享、文献推荐、共识讨论等内容。

3. 提高厂家及产品的知名度

品牌宣传对企业很关键。在一些大会上，可以通过赞助与其合作，渗透企业的产品标识物，布置展台宣传企业产品，提高参会客户群体对

企业及产品的认知度。

4. 提供同行业精英交流的平台

一些参与型的大会，都是由各类医学会议组织承办，很多优秀的企业都会参会，推广人员可以在其间遇到很多行业中的高手，借助这个机会，可以多了解前沿的推广方式和手段，还可以多交流学术推广工作中的困惑，提高自身技能，组建行业精英人脉。在活动中，还可以了解到竞争对手学术推广工作情况，让我们更好地剖析自身不足，思考出优于对手的学术推广手段和方法。

5. 协助代表做好难点、潜力客户的维护

综合性活动开展时，一定要提前梳理参会人员名单，尽量把重点目标客户邀请到场，利用会上专家讲解，提高对产品定位认知度，增强处方兴趣。通过活动机会，加强客情维护工作，做好会前、会中，会后的各项服务工作。

二、综合性学术活动的形式及流程

综合性学术推广活动的形式多种多样，从不同维度，可以分为：线上推广型、线下推广型；主动支持型、被动参与型；国家型、地区型，等等。这里我们主要是根据主动支持型和被动参与型进行区分。其中，主动组织型重点讲解沙龙/病例研讨会的形式，被动参与型主要讲解医学会活动赞助形式。

1. 主动组织型活动

主动组织型活动，就是设计一个推广主题，以学会或专家讲师名义组织活动，邀请区域性目标客户，进行产品推广定位的宣传。其主要形式有学术沙龙与病例研讨会两种。

下面，我们从会前、会中、会后的步骤、内容、注意事项等方面进行阐述。

（1）会前准备

①确定会议内容与主题。可以邀请学会冠名或自行组织，会议的主题一定要和学术推广定位方向一致，一定要考虑重点推广市场，一定要和专家讲者提前沟通。

②确定会议时间。要留出充足的会前准备时间，一般会议最好提前2个月进行准备策划。

③确定会议邀请人员、会议流程、会议地址、会议邀请函与会议准备分工等。要充分利用区域推广人员及临床代表，做好工作分工、确定会议地址和邀请函内容。

④会议人员邀请，首先是会议主席邀请，根据沟通情况再进行讲者邀请、参会人员邀请。会议主席一定要选择区域权威性和影响力强的专家、讲者需要提前沟通演讲内容与PPT课件的内容，参会人选要重点考虑难点、潜在客户。

⑤提前和听会医生沟通讲者演讲内容，提前准备问题以免会中冷场。要重点讲解主席/讲者来历及会议内容，内容重点突出医学领域最新观点，另外还可以讲解一些会议支持事项，如学分、礼品、游玩等，听取客户的需求反馈，做好演讲内容的优化工作。

⑥提前了解参会人员到场的交通方式，统筹安排交通工具，在会前一周、前一天必须提醒到会时间及地址，需定期跟催到会情况。

⑦公司要求的相关申请手续。按部门要求提前上交策划案、申请表等。

（2）会议工作流程和注意事项

①提前到会场布置，调试好投影和课件播放、会场资料和签到表、礼品摆放、会场位置安排等。

②会前接待和签到。专家和讲者最好有专人接待，签到时间一般在会前20分钟以上。

③会前工作交流。提前到会场的人员，按阶段分工与其进行沟通交流，提前做好会议内容的讲解，以及可能答疑的问题。

④主持人开场白，可以运用“开场白三部曲”，但一定要介绍会议主席、讲者的职称与头衔，介绍会议的内容及会议的流程。

⑤讲者讲解会议内容时，要及时提供茶或白开水，观察听讲者学习状态。

⑥会中休息期间，要有专人与主席和专家进行沟通，其他人员也要根据分工和客户进行交流。

⑦会后产品问题解答环节，主要由讲者和专家进行解答，会后推广人员可一对一地进行深化解读，最好提前安排好“枪手客户”进行提问，避免冷场。

⑧会议结束后，要注意主席、讲者、医生送别，等其到家后发短信问候和感谢。

（3）会后总结跟进什么

①开会总结会议优缺点，讨论出下一步优化措施，形成记录和下一步策略。

②会后三天内对主席、讲者进行回访，表示感谢与意见的收集，强调下次合作的可能性。

③在会后两周内回访完参会听者，深化会议宣传定位，收集意见和相关需求。要把此项工作要分配到每个代表工作事项中。

④根据公司要求，提交相关报表，包括会后总结表、签到表等，进行费用核销。

（4）其他注意事项

①在准备工作中，责任分工明确后，一定要随时沟通各自进展，最好建立一个临时沟通群，及时解决相关问题。

②尽快出具邀请函，让推广人员及代表邀请重点客户。

③会中做好会议分工，提前考察会场，了解餐厅与卫生间位置，好给客户做好引导工作。

④会中做好记录，记录客户提出的问题与讲者、主席的解答。

⑤会后做好听会医生的回访工作，制定推广人员和代表的回访计划并记录备案。

⑥重新整理专家网络库，专家、讲者、VIP 客户要重点建档，建立

持续的项目合作关系。

2. 被动参与型活动

根据全年的推广定位，筛选维护学会名单，分析学会全年的活动计划，根据自身推广需求设计参与活动的内容，与学会专家对接，利用学会名义搭建平台宣传企业及产品推广方向。

具体工作步骤如下：

（1）跟进学会活动的计划，梳理参与目的事项，包括提前梳理学会全年、季度的活动计划，根据自身时间安排及资源情况制定跟进计划。

（2）提前与会议主办方联系，了解会议流程、讲者、参会者等细节内容，了解参与的费用等事项。

（3）根据公司申请流程，向公司提出会议赞助申请。

（4）与讲者沟通课件内容。课件内容需要医学部进行审查，通过后方可执行。

（5）提前布置展台及准备礼品、宣传资料。

（6）梳理参会专家、客户，明确跟进专家、客户的目的要求，做好包括代表在内的推广人员的目标跟进的分工安排。

（7）会中与目标专家、客户进行沟通交流，收集联系方式，预约下次拜访。

（8）与行业精英进行沟通交流，尤其要对竞品厂家要加强关注，收集亮点，分析自身不足。

（9）在会后两周内，回访专家，建立持续连接项目活动。

（10）在会后两周内，推广人员及代表回访目标客户，深化会议宣传定位，收集意见和相关需求。

（11）会后总结评估会议的成效、提出改进措施。

（12）根据公司要求，提交相关报表进行费用核销。

（13）注意事项：

① 赞助费用一定要多方打听是否合理。

② 讲者的课件一定要推广人员参与制作，并交医学部审核备案。

③ 明确到会人员，对未使用、潜力客户进行梳理，安排重点跟进，一定要明确每个目标客户跟进的目的。

④ 要充分利用代表，协助进行客户跟进和后期拜访工作。

第九章
专家网络及学会平台

一、如何建立专家网络平台

1. 搭建专家网络的意义及专家分类

因为医生在终端使用决定中起到关键作用，所以处方药企业的目标客户群体应该是医生，但是医生处方产品的意向来源是多方面的。前文曾提过，医生的用药习惯70%是受医药代表的影响，10%是来自教学杂志书籍和临床指南，15%是参加各类会议及与导师和专家交流而来。不难看出，医药代表起到了非常关键的作用，另外10%教学指南是医学部的重点工作，剩余的15%则是推广部需要推进的核心事项，里面包含着学术活动计划及专家网络建设两大核心内容。

通常。我们把专家分成三大类：

（1）国家级代言人：一般为在全国/国际上某个领域有权威性、影响力的专家，其一般会是某某学会的会长、理事，有院士职称，这类专家应着重在北京、上海两大国内医学高地进行筛选，或是在企业所在省份排名靠前的三甲医院进行筛选。

（2）区域/省级讲者：一般为某些省份某某学会分会长、理事，省级排名前三的三甲医院目标科室主任。

（3）地市级VIP专家：每个地级市人民医院、中医院的目标科室主任，或处方量较大、并在当地有一定学术地位的专家。

2. 专家网络架构的基础模型

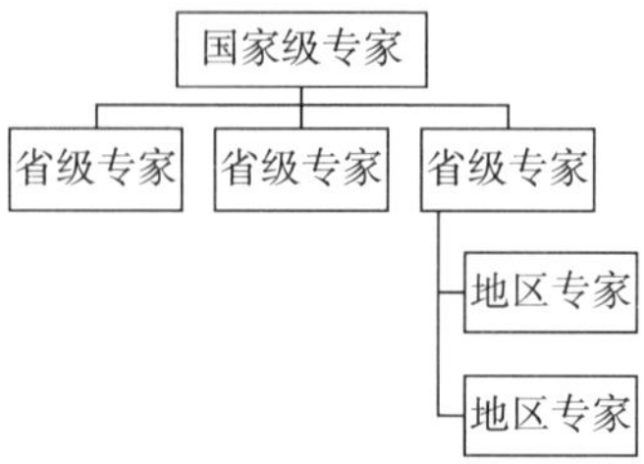

图 9－1　专家网络架构的基础模型（例）

3. 不同类型专家维护方式及目的

（1）国家级代言人：维护方式一般为试验合作、会议合作、讲者合作、征文合作等，此类专家维护更注重项目合作，目的是让其能成为我司产品定位学说的缔造者和全国代言人，利用其背后的专家及学会平台资源，规划宣传渠道。

（2）区域/省级讲者：维护方式一般为讲者合作、征文合作、大型活动合作等，此类专家维护更注重大型活动的参与和设计，目的是让其成为区域产品定位宣导者，利用其区域威望及背后学会专家资源进行定位宣传。

（3）地市级 VIP 专家：维护方式一般为客情维护、征文、基层活动等，目的是为了提高其个人的处方量，使其成为基层学术活动参与者或讲师，把定位信息传递给基层医院的医生及患者。

4. 专家档案的建立及维护跟进

可根据企业的规模和资源进行设计，一般初期可先围绕产品，重点定位科室方向，国家级专家 1 ~2 名，每个省省级专家 1 ~2 名，每个地区地级专家 1 ~2 名。专家档案的内容可根据公司需求进行设计，最好能建立一个客户管理系统，里面包含着专家网络名单及拜访内容，定期进行跟进和维护。

5. 专家维护的步骤解析

（1）根据公司产品定位方向，建立区域专家网络名单，完善专家档案信息。

（2）按国家/省级/地级和重点/潜力/非重点，对专家分类进行区分。

（3）制定每月的拜访计划，其中国家级每月拜访 1 ~ 2 次，省级和地级重点潜力专家每月拜访 2 次以上。每位推广人员常态维护的专家应在 5 ~ 10 名。

（4）拜访前梳理目的，提前准备好相关资源和讲解话术。目的一般以征文、讲师、协会合作等项目为主，也可做产品定位宣贯及调研工作。

（5）拜访地点最好选在住院部办公室，时间控制在 5 ~ 10 分钟，简明扼要说明来意。可运用客户拜访 5 步曲，即开场白、探寻需求、证明与说服、处理异议、获得承诺。

（6）遇到回绝时先不要放弃，一般要拜访 3 次以上才能得到相应承诺。若 3 次以上还是没有任何成效，就要考虑是否转移维护对象，或在后期有相关活动项目时再进行维护跟进。

（7）每次拜访都要备注记录，挖掘专家的需求和问题，总结每次拜访中的问题，思考下一次拜访要达成的目的等。

（8）专家维护不仅仅只是单一的拜访，需要利用各类活动，如沙龙、病例研讨、继教、学会赞助等形式把专家串联起来，常态持续维护区域核心专家。

6. 其他问题及注意事项

（1）专家网络建设是体系化的工程，要与学术活动计划、医学部设计的项目、产品研发及回顾性研究相配合开展。

（2）专家维护工作要与公司的财力、人力资源相匹配，根据资源来设计维护人数及项目活动预算。

（3）切记不能广而散的建设专家网络，要与企业当年的学术推广定位方向一致，只有深入长期的维护才会产生成效。

二、如何利用学会平台开展工作

1. 学会平台的类型及工作内容

学会一般可分为医学会、药学会、卫生系统的各学科会议、企业主办的各类学会等。现在公认比较权威的学会有：中华医学会及其分会、中华康复医学会、中华中医药学会、中国医师协会、中国医院协会、世界中医药协会联合会、中国中西医结合协会等。

医学会是医学科学技术工作者和医学管理工作者的学术性群众性团体，是依法成立的社团法人。医学会活动是医师自我学习和交流的重要渠道，大多通过交流学术论文的形式展开，每年要举办多次，一般会有专业的会议公司参与主办。

2. 学会平台推广的意义及目的

学会是医生交流和学习的平台，也是企业展示形象、宣传产品定位、维护专家网络的有效途径，企业可根据自身资源配比设计参与方式和预算。学会推广的目的主要分为以下三个方面：

（1）企业品牌及产品定位的宣传：通过学会平台，可利用展台、冠名赞助茶歇等手段宣传企业和产品；通过课程内容及专家课件的渗入，宣传产品推广定位及医药学原理。

（2）专家网络建设更新及维护：学会平台是专家资源最集中的地方，每次参与学会活动都会涉及相关讲者和专家维护项目，在学会推广工作中需要定期维护和更新专家档案，挖掘新的专家维护项目。

（3）行业精英的交流及竞品观察调研：学会平台也是药企之间沟通交流的平台，在会议期间应该锁定相关领域的行业精英，交流和观察其市场推广的亮点，同时关注竞品的推广策略及核心专家，及时调整自身的学术推广策略和方案。

3. 学术推广平台建立的步骤

（1）根据公司战略学术定位要求，由医学部制定推广定位方向，梳理省内已有专家资源情况，确定出1～2个学会名单。

（2）与责任区域学会组委人员进行沟通，了解其年度、季度活动计划安排。组委人员首选我们已有过合作的客户。

（3）与组委人员商讨活动参与的相关事项及要求，包括了解会议主题、参与人员、费用情况等。

（4）根据预算及已有资源，梳理出活动参与计划。

（5）跟进计划执行，并定期优化更新，可参考本书第七章的相关内容。

4. 其他问题及注意事项

（1）学会跟进方向一定要与公司战略定位方向一致。

（2）学会组委人员前期沟通若遇到困难，可以通过学会成员中公司已成交客户沟通引荐。

（3）不能马上答应其费用支持要求，要多方打听，根据公司预算情况进行合作沟通。

第十章
推广人员的工作内容清单

一、工作内容清单与时间分配

顾名思义，工作内容清单就是把岗位职责内容进行梳理归类，以步骤流程的形式，用一句话描述具体工作内容。这可以作为提醒工具，及时发现自己遗漏，也可作为工作标准，评估工作完成情况。

其实，在很多领域早已使用该方法。比如，医生在做手术时，会有一份工作内容清单，医生按照清单内容一项一项完成，可以大大减少手术的失误率。在飞行员的驾驶工作中，起飞、降落、突发状况都有标准的步骤流程，也就是工作内容清单。所以，为了提高推广人员的工作效率，依据推广经理实操规范章节内容，笔者归纳总结了以下八项内容的工作清单。在阐述工作内容清单前，我们先简单了解下，一名合格的推广专员及推广经理工作时间要如何分配，具体如图 10 - 1。

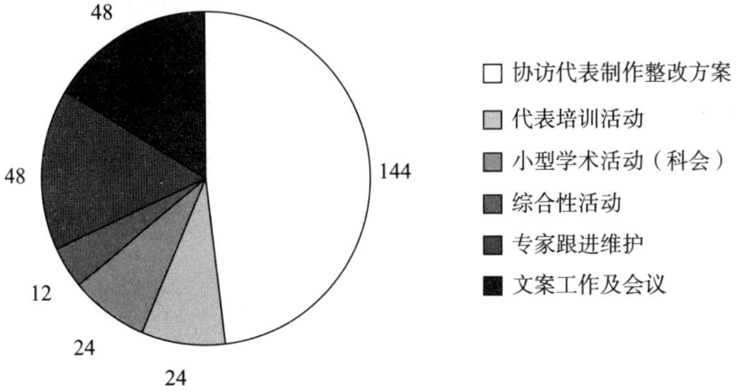

图 10 - 1　合格推广专员的工作时间占比（按 300 天计算）

按全年300天工作日算，建议推广人员每周协访3次代表并优化跟进整改方案，每周用一天的时间开展各类会议，完成各项计划报表及会议的策划申请总结等文案工作。每周至少拜访一次专家，每两周开展一场代表培训会和科会，每季度组织或参与一场综合性学术活动。

以上只是工作时间分配的建议，具体工作分配可根据市场情况而定。

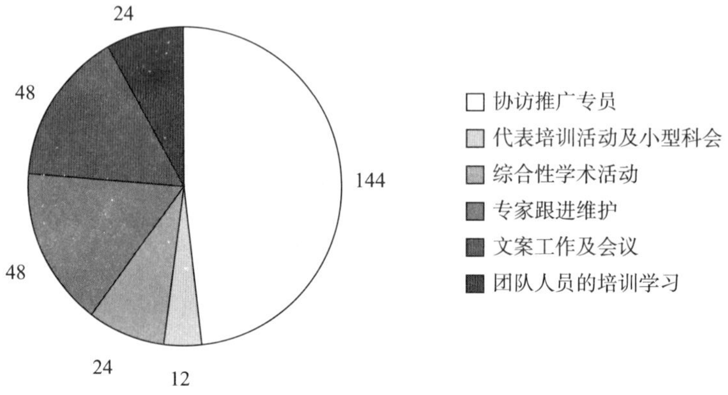

图10－2　合格推广经理的工作时间占比（按300天计算）

如图10－2所示，按全年300天工作日算，建议推广经理每周协访3次推广人员，分析其工作中的问题，并及时给出合理化建议，监督评估其工作情况并优化跟进整改方案。每周用一天的时间开展各类会议，完成各项计划报表及会议的策划申请总结等文案工作。每周至少拜访一次专家，每两周开展一场代表培训会或科会，每月至少安排一天时间用于团队内部学习和培训，每季度组织或参与一场综合性学术活动。

以上只是工作时间分配的建议，具体工作分配可根据市场情况而定。

二、制作学术推广策划案的工作内容清单

（1）调研区域市场容量、医药政策、地域习俗，总结出区域、级别医院、科室适应证的推广方向。

（2）对销售总指标、开发指标、整改指标、“兼职销售员”销售及开发进行分析，总结出销售、开发、推广成效，分析出重点帮扶推广的专/兼职销售团队。

（3）调研竞品，做 SWOT 分析，提炼出推广定位话术。

（4）制作学术推广定位策略表。

（5）根据配比资源，确定出区域推广的各项总目标（整改医院、学术活动、培训活动、专家维护、学会跟进、医学项目）。

（6）制定学术推广行动计划、完成学术活动计划、代表培训计划、专家维护计划、学会维护计划。

（7）根据部门制度开展各项活动，完成季度评估报告，部门定期监察，月报认真填写自我学习提升计划。

三、说服销售团队的工作内容清单

（1）练习“讲环境、讲战略、讲方案、讲支持、讲收益风险、处理异议”的沟通方法。

（2）与代表真诚相待，让其成为你的朋友，沟通公司战略、责任分工、强调目标一致。

（3）讲解成功案例，重点宣导对其的利益点。

（4）了解临床问题，挖掘个人需求，制作解决方案，及时沟通优化。

（5）讲解彩页、用药经验、话术的三大物料使用。

（6）强调试点推广，开展试点活动，协同拜访重、难点医生。

四、开展代表培训会的工作内容清单

1. 会前阶段

（1）制作培训课件，根据市场人员情况，内容适当优化调整。

（2）拜访专/兼职管理者，与其沟通培训需求，优化培训课件。

（3）根据需求，为专/兼职销售团队量身定做培训计划。

（4）与专/兼职销售管理者及其团队沟通计划，确定培训时间和频率、地点，及时调整优化。

（5）根据部门制度要求，提前准备培训相关的签到表、考题/调研表和奖品等。

（6）购买合适正装，会前练习培训内容，保持自信的状态，提前到会场准备培训物料工具。

（7）完善公司要求的相关申请手续。

2. 会中阶段

（1）参会人员根据部门要求进行签到。

（2）合理运用开场白，可尝试“开场四部曲”。

（3）培训讲解中多采用图片、动画展示，多提问和互动。

（4）讲解后要安排提问解答环节，重点解决实际问题，多做成功案例分享。

（5）做一次产品考试，排名靠前者发放奖励，参训者填写培训调研表，针对代表成绩进行备案登记。

3. 会后阶段

（1）梳理考试或调研表，分析会议开展成效，思考下一步改进措施。

（2）根据公司要求，提交相关报表进行费用核销。

（3）整理出培训效果不佳的代表名单，与其进行协访，强化培训内容。

（4）与专/兼职销售领导沟通培训成效，收集培训建议，调整下一步培训计划及课件内容。

五、开展科会的工作内容清单

1. 会前阶段

（1）调研科室基本情况、关键客户信息、我司产品处方情况、竞品基础信息，做好备忘录。

（2）与关键客户沟通，挖掘客户需求和问题、我司产品处方情况、竞品信息、用药路径等。

（3）与代表沟通了解其会议需求，分析问题，明确会议目的，讨论制定方案。

（4）针对课件内容进行调整，提前演练、答疑准备、熟悉文献和用药经验案例。

（5）准备好会议物料（DA、文献、用药经验等），设备、正装、礼品。

（6）完善公司要求的相关申请手续。

2. 会中阶段

（1）提前到场，与关键客户沟通，调试设备、分装礼品及物料。

（2）邀请关键客户会前发言，强调会议纪律。

（3）差异化的开场白，可利用“开场三板斧”技巧。

（4）演讲时注意肢体语言、声音、文字的分配比例，建议时间掌握控制在 10 ~ 15 分钟。

（5）培训后讨论及答疑环节，提前安排枪手客户提问避免冷场，做好问题记录。

（6）在会议结束后，跟潜力客户要做一对一的沟通交流。

3. 会后阶段

（1）完成会后总结表，对会议的不足进行总结，对医生提出的问题，进行梳理。

（2）制定自己两周内的回访计划，针对潜力、问题客户进行定位深化宣传，挖掘其他项目合作的可能性。

（3）制定出代表一个月的跟进计划，针对潜力、问题客户进行持续维护，收集问题、宣传定位。

（4）根据公司要求，提交相关报表进行费用核销。

（5）三个月后，针对会议的成效进行评估，制定出下一步跟进措施。

六、制作医院整改方案的工作内容清单

（1）实地协访或拜访医院，制作出整改医院潜力调研分析记录。

测算潜力数量的公式：目标科室（住院、门诊）的目标患者量×说明书患者使用量×30%。

（2）与代表协访沟通，收集问题难点，讨论制定出代表行动计划，说服“兼职销售员”给代表施加压力。

（3）与代表和“兼职销售员”商议，制作出医院学术推广计划表，对以下几个问题提前进行答疑：

医院的终端推广科室有哪些？推广目标客户有多少？患者量及医院产量预估？

还有哪些科室没有使用？什么原因？

已进科室还有哪些客户没有尝试？什么原因？

客户尝试患者群较小的有哪些？什么原因？

重点推广科室潜在竞品排名前三的是哪些？他们的推广优势有哪些？

（4）针对计划执行情况进行跟进，计划要落到每周、每月。每周都要对计划执行进度进行评估回访。

（5）每月对整改方案进行优化调整，与“兼职销售员”沟通确认，制定下一个月的整改方案计划。

七、协访代表的工作内容清单

1. 协访前准备

（1）医院基础信息收集，做好潜力分析。

（2）与代表和“兼职销售员”沟通，了解医院使用情况和收集问题并记录。

（3）做好协访目的记录笔记，与“兼职销售员”沟通协访计划，让其给代表施压。

（4）预约时间和地点，协访前三天和前一天电话提醒确认。

2. 协访中流程步骤

（1）提前到终端拜访，先做医院基础信息收集，分析医院使用潜力。

（2）与代表进行沟通，做好代表基础信息收集、了解医院使用分布情况。

（3）与代表一同拜访科室客户，分析代表客情情况，了解临床工作难点。

（4）拜访重、难点客户，讲解产品优势、适应证处方理由。

（5）收集代表沟通和自己发现的临床问题并进行记录，与代表和

“兼职销售员”讨论出解决方案。

（6）与代表和“兼职销售员”沟通出医院的整改方案细节，重点制定出代表下一步工作计划及推广人员学术推广计划，详见本书第五章相关内容。

3. 协访后总结

（1）对协访情况进行总结和评估，罗列出具体问题，思考解决方案，总结自身协访过程中的不足。

（2）根据拜访时讨论内容，制作出整改医院方案，并再次与代表确认。

（3）与其直营管理者/服务外包商沟通方案的可行性，并要求其施压和共同监督。

（4）每周回访方案执行情况，根据进度定期优化方案。

（5）每月优化方案，与“兼职销售员”和代表沟通出下一个月的整改方案计划。

八、综合性学术推广活动的工作内容清单

1. 主动组织型活动会议

（1）会前准备什么？

①确定会议内容与主题。

②确定会议时间、邀请人员、会议流程、会议地址、会议邀请函、会议准备分工。

③首先是主席邀请，沟通会议具体事项，再与讲者进行沟通、讨论课件内容，邀请参会人员。

④发布信息，与参会医生沟通演讲内容，收集需求反馈，提前准备会中问题答案及枪手专家。

⑤搜集会议主席、讲者、参会人员到会场交通方式，每周了解到会情况。

⑥完善公司要求的相关申请手续，提前准备好会议所需硬件设备及礼品。

（2）会中的工作步骤是什么？

①提前 1 个小时到会场进行工作布置，准备会议相关内容。

②做好会前接待和签到表登记工作。

③责任分工明确，会前与目标人群进行工作交流。

④主持人开场白，可运用“开场白四部曲”，介绍嘉宾和讲者。

⑤讲者讲解会议内容，提供茶水服务，观察听者状态。

⑥在会中歇息期间，与目标客户进行沟通交流，收集反馈。

⑦会后产品问题解答环节，主要由讲者嘉宾进行解答，提前确定好“枪手客户”进行提问。

⑧ 会议结束后，与主席、讲者、医生送别，到家后发短信问候和感谢。

（3）会后总结跟进什么？

①开会总结会议优缺点，讨论出下一步优化措施。

②会后三天内回访主席和讲者，表示感谢与收集意见。

③会后两周内回访完参会听者，深化会议宣传定位，收集意见和需求。

④根据公司要求，提交相关报表进行费用核销。

2. 被动参与型活动会议

（1）跟进学会活动的计划，梳理参与的目的事项。

（2）提前与会议组办方联系，了解会议流程、讲者、参会者等细节内容，了解参与的费用和事项。

（3）向公司提出会议赞助申请。

（4）与讲者沟通推广定位课件内容。

（5）提前布置展台及礼品、宣传资料。

（6）梳理参会专家、客户，明确跟进专家、客户的目的要求。

（7）会中与目标专家、客户进行沟通交流，收集联系方式，预约下次拜访。

（8）与行业精英进行沟通交流，收集学术推广亮点。

（9）会后回访专家，建立持续连接项目活动。

（10）推广人员及代表回访目标客户，深化会议宣传定位，收集意见和相关需求。

（11）会后总结：评估会议的成效，提出改进措施。

（12）根据公司要求，提交相关报表进行费用核销。

九、建立专家网络及学会推广平台的工作内容清单

1. 建立专家网络工作任务清单

（1）根据公司定位方向，建立区域专家网络名单，完善专家档案信息。

（2）按国家/省级/地级和重点/潜力/非重点，对专家进行分类。

（3）制定月拜访计划，国家级每月拜访 1 ~ 2 次，省级和地级重点潜力专家每月拜访 2 次以上。每位推广人员维护的专家在 5 ~ 10 名左右。

（4）拜访前梳理沟通内容及目的，提前准备沟通话术。

（5）拜访地点最好选在住院部办公室，时间控制在 5 ~ 10 分钟，简明扼要说明来意。

（6）遇到回绝时先不放弃，拜访 3 次以上无成效，考虑转移维护对象，或在后期用活动方式进行维护。

（7）写拜访记录，挖掘专家需求和问题，总结自身拜访中的问题，思考下次拜访内容和目的。

（8）充分利用各类活动，与专家保持常态联系。

2. 建立学会推广平台工作任务清单

（1）根据公司战略学术定位，确定出省区内 1 ~2 个学会寻求合作。

（2）与责任区域学会组委人员进行沟通，了解其年度、季度活动计划安排。

（3）与组委人员商讨活动参与的相关事项及要求。

（4）根据预算及已有资源，梳理出活动参与计划。

（4）跟进计划执行，并定期优化更新，此项可参考本书第七章相关内容。

第十一章
学术推广活动项目的类型及方式

一、学会活动项目的类型及方式

很多人认为学术推广活动很简单，就是把各项会议开好，其实这只是学术推广活动的一部分。学术推广定位需要各种形式来展现，现阶段行业中的常规活动形式可以分为主导型、参与型、项目型等三大类。其中，主导型就是企业利用自身资源主办的各项学术推广活动；参与型就是企业提供资源参与各种学术推广活动；项目型就是企业根据自身优势，利用各种项目与目标市场客户达成合作，从而提高产品定位知名度。根据这三类分型，可以总结出以下 20 种学术推广方式，如表 11－1 所示。

表 11－1　20 种学术推广方式

类型	名称	概述	特点（人数、优点、缺点）	费用预估（一般行情）	合规问题
主导	科内会	在医院科室内开展的有关产品的讲解会	人数：5～20 人。 优点：对科室医生处方习惯影响较大、会议的成效容易量化评估、组织开展起来较容易。 缺点：如果监控不到位，很容易转变成代表客情维护的平台，失去了学术定位宣传的意义	场均在 1000 元左右、人均 100～200 元。（根据企业资源不同、医院级别不同和需求不同相应调整）	主要风险在临床代表备案制执行后，合规活动必须在医院相关部门备案后才可执行

续表 11－1

类型	名称	概述	特点（人数、优点、缺点）	费用预估（一般行情）	合规问题
主导	院内会	在医院内多个科室开展的产品讲解会	人数：20～50 人。 优点：医院多科室定位宣传有一定帮助、可借机维护非处方 KOL（如院长、药剂科人员等）。 缺点：开展组织难度大，推广定位不突出，医学推广定位的研究要求高	场均在 2000～3000 元、人均 100～200 元。（根据企业资源不同、医院级别不同和需求不同相应调整）	主要风险在临床代表备案制执行后，合规活动必须在医院相关部门备案后才可执行
主导	城市会	在同一城市多个医院统一开展的产品讲解会	人数：50～150 人。 优点：对区域产品推广有一定帮助，产品定位针对性较强，可通过会议维护好区域 VIP 客户。 缺点：开展合规风险大，组织难度大	场均在 5000 元/左右、人均要 100～200 元、场地费 2000～3000 元。（根据企业资源不同、医院级别不同和需求不同相应调整）	主要风险在与邀请客户时，我们需要借助第三方名义进行开展，并且要以疾病定位教育宣传为主线
主导	病例分享	利用区域讲者分享病例的方式，影响参会客户的处方习惯，参会客户主要是基层客户为主	人数：20～50 人。 优点：可利用活动维护区域讲者，利用讲者影响基层客户的处方习惯，权威病例的讨论，有利于产品定位在疾病治疗证据链上的宣贯。 缺点：讲者选择要求高，既要在当地有一定权威性，又要有一定的演讲能力、参会者删选尤为重要，处方评估及病例模板需要做好准备	场均在 12000 元左右、一般花费如下：主席展台费 3000 元/人，1～2 讲者费 2000 元/人，场地租金费 3000 元左右、礼品或盒饭 100 元左右/人。（根据企业资源不同、医院级别不同和需求不同相应调整）	讲者要提供合规的合作合同，针对会议的主题要突出病例研讨内容，而并非产品

续表 11－1

类型	名称	概述	特点（人数、优点、缺点）	费用预估（一般行情）	合规问题
主导	学术沙龙	利用专家之间的交流方式，维护专家关系，增加专家对产品的认知度。参会客户主要是等级客户为主	人数：10～20 人。 优点：区域讲者和 VIP 客户都可进行维护，针对等级医院客户影响加大、可针对医学定位和产品定位进行深入交流。 缺点：会议成本较高、对会场组织要求高、开展难度大、成效评估比较难，会后的跟进维护成本大	场均在 15000 元/场、主席 3000 元/人、其他人 1000～2000 元/人、场地 3000 元左右。（根据企业资源不同、医院级别不同和需求不同相应调整）	讲者要提供合规的合作合同，针对会议的主题要突出病例研讨内容，而并非产品
主导	专家巡讲（继教）	利用区域性讲者在一定区域内开展的继教培训活动。参会客户主要是基层客户为主	人数：50～100 人。 优点：区域性讲者的维护力度大、可以借此名义与学会或其他平台搭上关系，传播规模大、对基层客户的处方惯性影响较大。 缺点：产品定位宣传的针对性不足、成效体现，必须加强后期回访力度，参会客户必须提前做好删选工作	场均 15000 元左右，讲者 2000～3000 元/场、场地租金 3000～5000 元/场（此项费用也可在医院的继教室举行）、礼品费 50～100 元/人。（根据企业资源不同、医院级别不同和需求不同相应调整）	要提供合规的专家讲者合同。尽量避免交通、餐饮等费用的支出。需要借助第三方平台冠名组织开展
主导	专家义诊	利用专家开展目标医院的义诊活动	人数：15～50 人。 优点：专家参与性高、对目标医院科室处方习惯带动影响大。 缺点：需要前期做好大量的准备工作，需要第三方冠名开展，产品定位宣导力度不够	5000 元以上/次，不包含车马费、招待费。（根据企业资源不同、医院级别不同和需求不同相应调整）	需要借助第三方平台冠名组织开展。尽量避免交通、餐饮等费用的支出

续表 11－1

类型	名称	概述	特点（人数、优点、缺点）	费用预估（一般行情）	合规问题
主导	专家点评	公司内部活动，聘请专家进行点评维护	专家：1～3 人。 优点：专家维护力度比较深入，参与度较高，对公司内容人员讲课能力有很大帮助，可根据客户需求调整课件及讲解重点。 缺点：对销量影响小、专家参与兴趣小	点评讲课费 2000～3000/元，场地一般在公司内部会议场所，不包含车马费和餐饮费。（根据企业资源不同、医院级别不同和需求不同相应调整）	要提供合规的专家合作合同
主导	专家评比	公司内部组织的各项专家评比活动	专家：10～20 人。 优点：专家对产品的掌握深度较好，有利于专家网络梯队的组建，有利于培养青年专家客户。 缺点：开展难度较大，容易对专家心理压力，参与度会有所影响	活动项目每场在 20000 元。（根据企业资源不同、医院级别不同和需求不同相应调整）	开展形式上存在很大风险，最好借助第三方平台名义开展
主导	患教会	利用医院患教场地，开展的康养教育活动	人数：20～50 人。 优点：直面消费者，产品推广难度较小，可直接影响终端消费者的使用惯性。 缺点：处方药的主导权还是在医生客户，权威性不足，后期患教维护成本高，需要庞大的客户服务体系支撑	一般费用在 5000 元/场。主要是会场费和患者礼品。（根据企业资源不同、医院级别不同和需求不同相应调整）	活动内容已养生教育为主，不能过多宣传产品
主导	上市会	新品上市的宣传大会，目标对象主要为专家及服务外包商	人数：50 人以上。 优点：在产品初期推广见效快，可利用专家进行代言，挖掘产品推广定位方向。 缺点：开展组织难度偏大，合规性有待考量	活动项目每场在 20000 元，此项费用要根据邀请对象及人数而定。主要是会场费和礼品费，讲师费。（根据企业资源不同、医院级别不同和需求不同相应调整）	存在很大风险，最好借助第三方平台名义开展，做好讲师的讲课合作合同

续表 11-1

类型	名称	概述	特点（人数、优点、缺点）	费用预估（一般行情）	合规问题
主导	卫星会	在参与性会议中组织开展，借助第三方会议平台，组织分会场，用于围绕自身医学/产品定位进行推广	人数：50 人以上。 优点：借助第三方会议平台，共享专家讲师和参会客户，能有效地提高产品知名度。 缺点：容易产生目标邀请人员与参会人员不符，专家讲者时间安排要合理，前期参与客户的筛选情况要求高	每场在 15000 元、主席讲课费 3000 元/人，1～2 讲者 2000 元/人，会场 3000 元、礼品 100 元/人，还有相应的第三方会议平台的赞助费等。（根据企业资源不同、医院级别不同和需求不同相应调整）	要提供合规的专家讲课合同。要与第三方会议平台签订相应合同，避免交通、餐饮等费用的支出
参与	全国年会	各大医学会平台主办的全国性年会，企业利用赞助的方式宣传企业品牌和产品定位	人数：500 人以上。 优点：品牌宣传辐射广、专家维护集中度高、合规性好。 缺点：产品讲解深度弱、费用预算大，组织协调工作繁杂，提前准备事项多	费用预算要看参与项目和会议规模，赞助单项标准一般为：展台 5000 元/场、水和胸牌冠名 5000 元/场、讲者费用 2000～3000 元。（根据会议规模不同、企业资源不同、医院级别不同和需求不同相应调整）	要提供合规的专家讲课合同。与主办方签订赞助协议。避免交通、餐饮等费用支出，尽量通过第三方会议平台的赞助费中进行支付
参与	地方性会	各大医学会平台主办的地区性会议，企业利用赞助的方式宣传企业品牌和产品定位	人数：200 人以上。 优点：在一定区域范围做好企业品牌宣传和定位推广，地区性讲者/专家/VIP 客户可以通过活动集中进行维护，合规性较好。 缺点：产品讲解深度弱、费用预算大，组织协调工作多，提前准备事项多	费用预算要看参与项目和会议规模，赞助单项标准一般为：展台 5000 元/场、水和胸牌冠名 5000 元/场、讲者费用 2000～3000 元。（根据会议规模不同、企业资源不同、医院级别不同和需求不同相应调整）	要提供合规的专家讲课合同。与主办方签订协议，尽量通过第三方会议平台的赞助费中进行支付

续表 11-1

类型	名称	概述	特点（人数、优点、缺点）	费用预估（一般行情）	合规问题
参与	论坛会	各地区主办的医学/药学论坛，企业利用赞助的方式宣传企业品牌和产品定位	人数：200 人以上。 优点：利用论坛会议维护地区性专家/讲者/VIP 客户，做好品牌宣传，合规性好。 缺点：产品讲解深度弱、费用预算大，组织协调工作多，提前准备事项多	费用预算要看参与项目和会议规模，赞助单项标准一般为：展台 5000 元/场、水和胸牌冠名 5000 元/场、讲者费用 2000 ~ 3000 元。（根据会议规模不同、企业资源不同、医院级别不同和需求不同相应调整）	要提供合规的专家讲课合同。与主办方签订协议，尽量通过第三方会议平台的赞助费中进行支付
项目	论文征集	利用收集论文的方式，帮助其在核心期刊杂志上发表，可靶向维护目标专家/讲者/VIP 客户	人数：不等，根据公司需求而定。 优点：专家维护靶向性较好，对产品的认知深度较好。 缺点：文章质量管控难度高，文章的相关内容，可能与企业产品定位不符，发表难度大，导致后期维护可能会产生负面效果	每篇文章给予 3000 ~ 10000 元的奖励，质量好的文章也可给予全额报销。（根据企业资源不同、医院级别不同和需求不同相应调整）	要签订相关合规协议。可以通过第三方平台进行支付
项目	调研活动	企业发起的产品相关的调研活动	人数：不等，根据公司需求而定。 优点：产品定位推广针对性强，可通过调研，了解产品在一线使用的真实情况、竞品情况、目标客户患者群情况。 缺点：合规性风险大，有变相佣金的嫌疑。因需下达指标，到时后期真实性评估难度加大	此项根据调研规模、要求、质量而定，每份调研报告费用在 30 ~ 100 元坐等。（根据企业资源不同、医院级别不同和需求不同相应调整）	要与院方或第三方委托机构签订相关合规协议

续表 11－1

类型	名称	概述	特点（人数、优点、缺点）	费用预估（一般行情）	合规问题
项目	临床观察	针对产品在定点医院里开展的临床试验项目	目标医院、人数根据公司需求而定。优点：对产品定位的再挖掘、二次研发有很大帮助，为后期学术证据链的推广提供了有力支撑。 缺点：周期时间较长，整体费用很高，项目开展后的成效不可控，有可能会带来一些负面的影响，成效呈现时间长	此项费用要根据实际情况而定。（因试验规模不同、企业资源不同、医院级别不同和目标需求不同，费用根据实际情况而定）	要与院方或第三方委托机构签订相关合规协议
项目	病例收集	由企业自身发起的，收集产品在某个疾病领域使用的处方情况	目标医院、人数根据公司需求而定。 优点：可靶向收集目标患者群的使用情况，对后期推广提供更多病例物料支持。 缺点：合规性风险大，有变相佣金的嫌疑。因需下达指标，到时后期真实性评估难度加大	此项根据调研规模而定，每份病例报告费用在 30～100 元。（根据企业资源不同、医院级别不同和需求不同相应调整）	要与院方或第三方委托机构签订相关合规协议
项目	网络直播/网络教学	利用互联网平台，通过医学知识传播教学的方式，渗透产品知识点的网络推广活动	人数：500 人以上。 优点：辐射面广、给讲者和听者带来方便，成本较低。 缺点：缺少现场感受，会场秩序很难保证	一般一场费用在 10000 元以内。一般会邀请 2～3 名讲者，费用控制在 2000～3000/人。（根据企业资源不同、医院级别不同和需求不同相应调整）	要提供合规的专家讲课合同。要与网络平台签订合规协议

二、有关学术推广活动项目的问题思考

1. 学术推广活动项目是否绝对合规、马上能产生成效

（1）案例：2017 年施贵宝事件踩红线事件

2017 年 11 月 7 日，上海市某区市场监督管理局做出行政处罚决定，认定某知名制药有限公司在药品销售过程中，曾于 2015 年 8 月 27 日支付上海某医院心血管内科主任参加“欧洲心脏病学会”往返英国伦敦的商务舱机票，赞助费用共计人民币 57095 元的行为违反了《中华人民共和国药品管理法》第五十八条第二款“禁止药品的生产企业、经营企业或者其代理人以任何名义给予使用其药品的医疗机构的负责人、药品采购人员、医师等有关人员以财物或者其他利益”之规定。

执法机关查明，期间该医院心血管内科向该制药有限公司采购“福辛普利钠片/蒙诺”等 6 种药品合计价值人民币 772536. 25 元。依据《中华人民共和国药品管理法》第八十九条“药品的生产企业、经营企业、医疗机构在药品购销中暗中给予、收受回扣或者其他利益的，药品的生产企业、经营企业或者其代理人给予使用其药品的医疗机构的负责人、药品采购人员、医师等有关人员以财物或者其他利益的，由工商行政管理部门处一万元以上二十万元以下的罚款，有违法所得的，予以没

收；情节严重的，由工商行政管理部门吊销药品生产企业、药品经营企业的营业执照，并通知药品监督管理部门，由药品监督管理部门吊销其《药品生产许可证》《药品经营许可证》；构成犯罪的，依法追究刑事责任。”之规定，对该制药有限公司责令停止违法行为，并做出没收违法所得772536.25元，罚款10万元的行政处罚决定。

（2）法律分析

在本案中，执法机关列明的定案证据中明确有企业与医院签订的《公益事业捐赠协议》、医院出具的公益事业捐赠统一票据，说明企业在提供赞助的形式上基本符合捐赠的规定。除了赞助商务舱机票之外，在公布的处罚决定书中并未见企业一方对参会医生有过其他非法利益的输送的情形，也未见该参会医生有任何违背法定义务或职业道德的行为。

在企业提供赞助的形式已基本符合捐赠外在形式的情形下，执法机关仍认定涉案企业支付参会医生往返英国伦敦的商务舱机票违反了《药品管理法》的规定，较为合理的解释是执法机关认为价值57095元“商务舱机票”是在涉案企业在赞助协议之外另行支付给医生个人的，并且标准过高。

（3）合规建议

鉴于在新《反法》实施后，医药企业赞助学术会议仍存在商业贿赂的风险，尤其是赞助医生个人参加学术会议的风险可能性更大，建议医药企业应尽量按照《捐赠管理办法》规定的捐赠流程进行，如因客观原因无法完全按照捐赠流程进行赞助的，企业应在做好学术会议的真实性审查及确保会议赞助不与产品销量挂钩的基础上，结合不同的赞助模式，做好合规工作。

①赞助医院或协会主办学术会议的合规建议：

a. 事前审查会议性质，确保会议属于与诊疗技术相关的学术性会议。

b. 避免将医院内部业务科室、职能部门或协会内部机构作为赞助对象。

c. 签订书面协议，明确赞助资金仅能用于会议本身，确保专款专用。

d. 赞助资金必须“公对公”，并由受赠单位出具公益事业捐赠统一票据或会议赞助发票，避免将赞助款交给个人或某个部门。

②赞助医生参加第三方会议或企业自办学术会议的合规建议：

a. 保留医生真实参会的材料。注意留存邀请函、会议通知、会议议程、参会医生的注册费用发票、现场签到、现场照片、PPT 等会议材料，证明学术会议本身及医生参会的真实性。

b. 合理安排参会行程和选择会议举办地点。赞助医生参加第三方会议时，行程时间安排应适当紧凑，尽量避免出现会前过早抵达或会后滞留时间过长；行程路线安排避免非正常的经过旅游城市或景点，并滞留时间较长。企业自办会议的不宜将会议地点选择在风景区内。

c. 避免无关费用支出。费用支出上除了正常的交通、住宿、餐饮、注册费用，避免出现景点门票、导游服务费、导游加班费、用途不明的杂费等与会议无关的非正常费用。

d. 赞助指向性不应明确。不应与医生个人签订赞助协议，也不宜与医院签订指向性过于明确的赞助协议。

e. 赞助费用标准避免过高。赞助医生参加第三方会议，如会议主办方对住宿、餐饮有统一安排的，应以主办方的安排为准，不宜另外提供明显更高价位食宿安排；企业自办会议或第三方会议主办方对住宿、餐饮没有安排时，注意将人均消费控制在合理的范围内；交通方面避免安排头等舱、头等座。

（4）结语

执法机关在今后的执法中是否会更多的适用《药品管理法》第五

十八条第二款来认定医药企业赞助学术会议属于违法行为，我们的判断是，在新反法立法有意缩小商业贿赂认定范围，聚焦真正商业贿赂行为的大背景及《公益事业捐赠法》《捐赠管理办法》等法律法规明确企业可以对医疗机构进行捐赠的情形下，这种可能性不大。但是，医药企业赞助学术会议必须在流程上和内容上做到更加规范，否则仍有可能引发违法风险。

有关学术推广的成效问题，关键是上层领导的认识。学术推广虽然需要一个漫长持续的过程，但是处方药唯一合规的营销手段，以前那种“带金＋客情”的方式已经明显存在很大隐患，国家会下大力抓这种不合规方式。处方药全面爆发式增长的年代已经一去不复返，未来处方药一定是专科药、治疗性用药的天下，谁能稳定持续合规盈利才能成为最后真正的赢家。

2. 搭建活动项目“组合拳”，加强市场职能部门间配合

单一形式的学术活动使用很难起到最大的成效，一定要根据市场具体情况，制定相应的多形式组合的推广活动项目，让“听得见枪声的人，去制定杀敌方案”。这个就要试行“省区推广策划案制”，即省区学术推广负责人，要根据公司学术推广活动的制度、要求、标准，设计全年的活动项目策划案，根据部门和公司的预算情况执行，部门内部及第三方（医学部、监察部）针对学术推广活动的“真实性、标准性、合规性、成效性”进行评估审查。具体分工如下：

（1）医学及产品部重点工作在物料制作、定位分析梳理、国家级专家维护、全国参与性活动的组织和开展、医学项目的组织和开展，针对学术活动的第三方飞检 。

（2）推广部的重点工作是制作省级及重点合作伙伴学术推广策划案，主导型学术活动的组织开展，优秀合作伙伴的代表的培训，区域讲

者和 VIP 客户的维护，协助医学部组织参与性活动及项目开展，终端数据的调研分析，以及问题医院（有潜力医院、休眠和死亡医院）的整改方案制作及跟进。

两者合作难点在于，协助医学部组织参与性活动及项目开展，专家网络建设的完整性，参与性活动及项目与主导性活动的连接、宣传定位及物料使用的统一性。建议此项工作由公司高层统一指挥，或合并成一个部门进行统筹责、权、利的分配关系。

3. 专家网络是活动项目推进的前提

所有的学术推广活动和项目，都离不开专家代言。专家在其中起到了牵引、连接、传播的作用，他们是产品定位传播的核心力量，也是首先试点取消客情为主销售模式的先头部队。所有学术活动和项目都要围绕这些专家持续性开展。狭义的专家是指国家级专家和区域讲者，广义的专家应该分为三种类型，即国家级代言人、区域性讲者与 VIP 客户，那么专家网络怎么建立呢？

（1）国家级代言人建设。一般在北京、上海、“川、渝”、广东设立四大区域的代言人网络，人数控制在 10 人以内，一般选择大三甲、某一领域的学科带头人、某学会的领军人物。其主要的作用包括参与制定产品定位、合作大型医学项目、为学会参与提供便利，通过其背后的活动项目传播公司产品定位、指南共识、建立区域性专家网络。

（2）区域性讲者建设。在每个省份确定 2～3 名区域性讲者，人数全国控制在 50 人，主要选择在省区三甲医院的主任或副主任、区域性学科带头人、区域性学会领军人物、也可考虑年轻潜力专家。其主要作用包括与区域性讲者、区域项目的合作、为区域学会参与提供便利，通过赞助其参加全国大会，衔接国家级代言人的产品定位在区域的推广工作。

（3）VIP客户建设。在每个地级市确定一定数量的VIP客户，客户主要分为两种：处方排名进行“分档后”靠前的县/市级客户（20~30人）和每个地级市级人民或中医目标科室主任（2~3人），人数控制在每个地级市20~30人，预计全国人数在5000人。其主要作用为巩固处方量大的客户关系，并且在县市级培养讲者代言人，提高对基层客户处方习惯的影响力，提高患者的首诊使用习惯，培养患者处方惯性，尝试真正的学术推广营销方式的可能性。

（4）专家方案的建立及系统建设。这5000多名专家的“基础档案建立”是系统建设的前提，公司要建立客户管理系统，要把他们的所有基础信息进行收集、归档与录入，并进行常态维护更新，还要有相应的沟通行为管理功能，把所有的活动和项目与这些专家进行串联，保证这些专家学术合作的持续性，在代言、讲解、处方的前提下，培养出一批产品定位的传播者。在专家网络建设中要注意以下2个问题：

问题1：专家网络建设过程中，活动项目不够延续，导致很多专家流失？

专家网络建设不是一簇而就的事情，要有持续长期维护的意识，关键点在于医学及产品定位推广策略是否清晰，是否有国家级代言人参与。很多围绕专家维护工作都还停留在客情层面，没有真正满足其医学层面的需求，活动项目的开展不够连贯，往往在有活动项目的时候才想起维护专家，而有一定权威性的专家背后会有很多企业与其合作。因此，要想做好专家维护工作，要学会以专家设计活动项目，而不是以活动项目来跟进专家。专家网络人员的固化也很重要，不能用有限资源去广撒网，要根据推广方向确定名单，然后围绕名单设计活动项目。

问题2：大牌专家维护难度大，维护成本高，很难切入进去？

专家网络建设也要看企业自身实力，维护大牌专家的成本代价巨大，不一定适合所有企业，特别是国家级代言人，一个项目下去动不动就几百、上千万。要学会根据企业现状来调整，建议可以先建立区域性的讲者和 VIP 客户网络，毕竟这些专家可以帮助销售带动。也可以先尝试培养一批青年专家，这些骨干力量切入难度较低，维护成本也不大。站在长远角度来看，一旦这些青年专家成熟后，对企业的帮助会非常大。

第十二章
如何评估学术推广活动项目

一、学术活动项目评估要抓的四个方面

学术活动项目评估工作非常重要，但也是学术推广工作中的一大难题。学术活动项目开展始终是为了销量，但呈现的促销效果很缓慢，过程管理比较烦琐。**其实，我们重点抓四个方面就可以了，即学术推广活动项目的真实性、标准性、合规性、成效性。**

真实性是最基本的管控内容，此项一旦触碰就属于红线行为，要坚决制止。标准性是要以“能做到、能量化、能监督、能评估”为原则，重点管控部门的制度及流程设计，切记因为管控维度过多而导致评估无法真实落地。合规性是现在很多企业忽略的一点，但随着国家对医药板块监管加强，这点对企业来讲变得尤为重要，一定要与企业法务部一同做好相关合规内容的建设。有成效则是所有推广活动和项目目标，但是也是最大的难点，不能开展了活动和项目就马上会有销量回报的思想，而是要认真分析企业在现阶段的需求是什么？推广体系的搭建处在什么阶段？企业现阶段是需要先做好专家网络建设、推广团队培养，还是适合企业自身的推广活动/项目方式的探索？切记，学术推广是在国家政策改革的大方向下，能使企业可持续稳定发展的推广模式，而非短期产生盈利回报的销售模式。

1. 有关真实性和标准性的阐述

真实性和标准性的评估，可以从申请报销制度、流程操作规范、内

部及外部评估检查着手。为了方便大家理解，可以参考以下制度模板，如表 12－1 所示。

表 12－1　申请报销制度

活动类型	活动人数	报销标准	费用项目	申请流程	报销标准及要求
科会（基层）	5 人以上	800 元/场以下（每人 80 元预估，可根据市场具体情况进行调配）	礼品或餐饮	申请人－省区/大区－推广部长	小型学术活动申请单、学术会议签到表、小型学术活动总结表、发票及报销单。（电子照片上传到部门群里，助理进行收集抽查）
科会（等级）	5 人以上	1200 元/场以下（每人 100 元预估，可根据市场具体情况进行调配）	礼品或餐饮	申请人－省区/大区－推广部长	小型学术活动申请单、学术会议签到表、小型学术活动总结表、发票及报销单。（电子照片上传到部门群里，助理进行收集抽查）
主导综合性学术会议（病例研讨、沙龙等）	20 人以上	350 元/参会人数进行核算。（讲师费及住宿费申请另算）市场超预算部分可由副总经理签批确定	会场费、礼品餐饮	申请人－省区/大区－推广部长－销售公司副总经理	大型学术活动策划案、大型学术活动申请表、学术会议签到表、大型学术活动总结表、发票及报销单。（电子照片上传到部门群里，课件必须通过医学部确认，助理进行收集抽查）
参与综合性学术会议（学会活动参与赞助、其他学术活动的参与等）	20 人以上	小型学会活动（地市级）参与给予 5000 元/场以下，中大型学会活动（省级）的参与给予 8000 元/场以下	小型学会活动（讲师费 2000 元以下，赞助、场地使用、礼品等杂费 3000 元以下），中大型学会活动（讲师费 3000 元以下，赞助、场地使用、礼品等杂费 5000 元以下）	申请人－省区/大区－推广部长－销售公司副总经理	大型学术活动策划案、大型学术活动申请表、学术会议签到表、大型学术活动总结表、发票及报销单。（电子照片上传到部门群里，课件必须通过医学部确认，助理进行收集抽查）

续表 12－1

活动类型	活动人数	报销标准	费用项目	申请流程	报销标准及要求
代表培训会（小型）	3人以上	200元/场以下	礼品或餐饮	申请人－省区/大区－推广部长	代表培训申请单、代表培训签到表、发票及报销单。（电子照片上传到部门群里，助理进行收集抽查）
代表培训会（中、大型）	20人以上	100元/参会人数核算。（讲师费另算，北京、上海可按150元/参会人数核算）市场超预算部分可由副总经理签批确定	会场（礼品和餐饮二选一）	申请人－省区/大区－推广部长－销售公司总经理	代表培训申请单、代表培训签到表、考试成绩单汇总、发票及报销单。（电子照片上传到部门群里，助理进行收集抽查）

关于操作流程规范，就是要制定所有会议/项目开展的工作流程及注意要点，可以制作相应的工作流程手册，明确每项岗位职责的动作流程规范，并且根据市场具体情况长期更新维护。操作规范流程要以“能做到、能量化、能监督、能评估”为原则，收集一线问题，长期改进优化。

关于评估检查，要抓内控、外控两方面工作。内控主要是由内部团队的管理人员、助理人员、内勤人员制定内部检查机制，外控主要是利用其他部门进行第三方飞检，这是很多外企都在使用的活动管控手段，这样做可以避免“组织策划人与抽查评估人”属于同一部门，而导致检查评估的内容不真实的情况。

2. 有关合规性及成效性的阐述

所有的学术推广方式都有相应的合规风险，我们只能做到相对合规，规避重大潜在风险。专家讲课协议、协会赞助协议、项目合作协议制作完成后，要通过公司法务部进行审核，推广行为一定要按照合规流程执行。

至于成效性，是学术活动中最难评估的一项工作。除了科会可以明确量化评估销量，主导型的会议（病例分享、学术沙龙、卫星会）也可以针对销量成效制定预期任务，从而可以把责任可以落在相关推广人员身上。而其他相关活动都很难用销量成效进行评估，这就是为什么说科会及各项主导性会议有举足轻重的作用，大多数企业也把这些学术推广活动放在很重要的位置上。其实，成效性的评估，除了销量成效，还有其他两个方面要评估：一是跟进计划的落实情况，二是参会人员的满意度调研。这个部分应由部门内控及第三方进行监督评估，最终对会议开展的问题进行收集，不断进行优化改进。

二、活动项目评估中常见问题及解析

问题一：活动项目费用审批难度大，特别是企业上层总是在预算确定后改变主意。

建议：这是所有学术推广人最头疼的问题，企业很多上层领导不是做学术出身，总会抱着投入就要有及时回报的思想，而学术推广是个很漫长的过程，成效显现是持续性的，具体可以与上层领导充分沟通学术推广的意义，其不仅仅是为了解决短期收益问题，而是为了解决未来生存问题，是未来处方药营销的核心手段。另外，在制定年初预算时，一定要有详细的活动计划，多启动一些见效快的活动项目，加强企业上层领导的信心。

问题二：活动项目开展过程中，发现了弄虚作假行为，导致企业上层不满，怀疑学术推广推进工作。

建议：其实，任何企业都避免不了有这样的行为产生，不可能做到所有的工作都不出现漏洞，不管制度如何严密，都会有人去冒这个风险。不过，对于触碰“红线”的行为，要做到零容忍，作为学术推广部门的领导，不能包庇隐瞒，这样会导致这样不良行为滋生。内部要做到的是体系制度的不断完善，尽量把这种现象降到最低，做好内控和第三方飞检工作，要常态做好推广人员的文化建设，倡导廉洁自律的团队氛围。

第十三章
学术推广工具的使用

产品的推广定位需要利用学术推广活动/项目进行传达，通过学术推广工具来呈现。没有推广工具，就像士兵没有了武器一样，是不可能赢得战争。那么现阶段学术推广工具都有哪些？应该如何正确使用这些工具呢？

一、学术推广工具的类型及特点

简单来说，学术推广工具的内容大致可以分为五类，即产品知识类、产品宣传类、文献支持类、临床实践类与权威教材指南类。

1. 产品知识类

（1）产品 PPT 课件。这是最基本的推广工具之一，虽然每个企业的 ppt 课件质量千差万别，但不管是在形式上，还是在内容上，都要根据目标客户群体的需求来制作。产品 ppt 课划分为：科室科会用 PPT、学术沙龙/病例研讨会 PPT、基层医院全科使用 PPT、代表基础培训 PPT、学会参与型 PPT。

①科室科会用 ppt 课件，即在开展科室会时使用的 ppt 课件。一般还要根据产品推广定位科室，制作分科室课件。课件内容一般包含：企业简介、药理机制、产品基础信息（说明书、注意事项、医保招标情况等）、适应证试验报告、指南文献、病例分享等。

②学术沙龙/病例研讨会 ppt 课件，更多是分享医学前沿信息及病例研究，内容一般会包含：医学课题的最新研究，企业及产品的简介，病例研究的分享，最新指南共识及文献的讨论等。企业可以将这些课件制作成常规模板，最终成稿要让专家客户参与一起制作。

③基层医院全科室使用 ppt 课件，这要根据基层医生的特性来制。

基层医院数量多、医生和患者少、分散广，不适合一家家开展科室会，而且基层医院的医生诊疗水平有限，有很强的学习需求，可以利用继教活动的方式对基层医生进行教育。而基础医院的患者群体主要是慢性病患者、康养患者、姑息治疗患者等，ppt 课件的内容一定要围绕这些患者的疾病进行重点讲解。课件的内容与科会课件内容相似，但在指南推荐及专家病例分享部分要重点突出，因为基层医院的医生更看重讲解内容的安全性和权威性。

④代表基础培训 PPT 课件。代表的培训需要常态，特别是刚入职的新代表，要尽快熟悉公司的产品基础知识，因此这类课件内容要比较全面，包含：企业简介、药理机制、产品基础信息（说明书、注意事项、医保情况等）、适应证试验报告、指南文献、病例分享。除了以上常规培训内容，还要重点针对产品的招投标政策，目标客户沟通话术进行讲解。

⑤ 学术参与型 ppt 课件。此类课件内容不多，一般会制作几页固定版本的课件，便于专家在授课时进行插入讲解，内容主要是产品最新治疗方案的研究、专家共识指南的推荐、核心期刊的文献分享等。要注意的是，课件的制作不要太多突出产品，要把医学推广定位，以及指南推荐作为重点。

（2）产品医学资料。企业要把产品相关的医学知识进行收集整理，最好是把研究出来的医学定位策略进行分析总结，最终做出一套与产品相关的医学知识配套学习资料。此资料可以用于内部培训，也可作为在实战过程中代表的深入学习工具，其主要内容包含：与产品相关的医学知识、产品的药用机理、临床试验报告、回顾性研究报告、前沿的医学课题等。

（3）产品知识 100 问。企业把产品手册、DA、PPT 课件、核心文献的一些基础产品知识进行汇总，用标准的“问题 – 答案”的方式将这些知识进行编排。此手册可以作为公司内部培训手册，不定期进行抽查考评，必须保证推广人员和销售人员全部熟悉掌握。

（4）中西医名称对照解释。这主要针对中成药产品，把说明书中的适应证相关中医理论病症转化成西医理论病症。根据研究，中成药真正处方客户是西医，占比整个处方量的 80% 以上，但这些西医并不是很懂中医，对中成药说明书中的一些解释不是很了解。因此，企业需要针对产品制作一个中西医名称对照解释，以便于西医对症下药。

（5）产品知识手册。这是一本基础性教学类学习手册（包含产品基础知识、药用机理、产品优势、使用科室及适应证话术等内容），可作为临床代表的基础培训教材，要保证每人一本，让其随时翻阅。此手册还要重点阐述临床拜访话术，并要求代表常态学习，保证在 3 分钟之内，对不同科室的不同客户能把产品的优势表达清楚，并以熟练掌握情况作为其绩效考核和晋升的依据。

2. 产品宣传类

（1）宣传彩页，俗称 DA，包括分科室彩页及基层医院推广使用彩页，是厂家最常见的学术推广工具，是现阶段客户了解产品最多的方式之一，也正因如此，客户现在看彩页的兴趣越来越低。DA 的制作一定要注意以下三点：

首先，要做好分科室患者群的 DA。基层医院因为患者群的特殊性，可以单独设计一种 DA，等级以上医院则要设计分科室推广的 DA。

其次，要做好权威性、科学性、安全性三方面的阐述。权威性是指产品所获得的荣誉、指南共识、各项专利等内容。科学性是指里面的试验论据要有大样板病例支撑、在权威平台发表过，推广定位阐述要集中在疾病细分领域。关于安全性，很多厂家都很避讳，不喜欢把产品的不良反应、禁忌等说得很明确，担心客户在使用产品时有所顾虑。其实不然，勇于面对自身短板，并把风险和问题说得清晰，反而会得到更多客户的信赖认可，具体可以利用回顾性研究成果及大医院处方案例进行展示，明确产品使用的风险情况。

最后，就是差异化的思考。这点要在DA的封面、材质等方面下功夫。封面的设计切忌过于复杂，过多的展示医学方面的信息和图案，让人感觉乏味，建议多展示一些患者群体的康复状态，用简单明了、通俗易懂的方式展示清楚产品特性。关于材质方面，很多厂家迫于成本压力，一般会选择成本较低的材质，但大批量制作让总成本并不低。有时我们很困惑为什么每年做了那么多DA，最后还是不够用，而且DA的使用量和省份的客户量往往还很不成正比。出现这种情况，不是你的DA制作得太好，市场供不应求，是因为质量太差，市场销售人员不珍惜，客户也没有很好保存，导致不停地重复制作发放。我在看很多厂家的DA时，发现外企的质量普遍要比国内企业好很多，而且更有创意，比如像新年贺卡一样，翻开DA会出现立体的图案，这正大大增加了客户观看兴趣和保存时限。

（2）产品提示卡。这主要是用于提醒医生产品的临床使用方法（包括注明产品的说明书、权威指南对产品使用方向的阐释、注意事项等三大方面内容）。此类推广工具在2010年以前，其市场成效显著，一直颇受很多企业青睐，他们会毫无顾忌地把提示卡压在办公桌玻璃下，但随着现阶段医疗板块各项严打政策的出台，很多客户已经很少使用这类工具。目前，这类工具在基层医院还在使用，也很有成效，因为基层医院客户的诊疗水平有限，需要提高合理用药意识，这类工具反而能给基层客户带来更多方便。

（3）医学杂志广告。品牌宣传在产品的导入期和成长期是非常重要的，很多客户有继续教育及行业交流的需求，他们会长期购买医学杂志、期刊，因此在一些医学杂志上刊登产品宣传广告，可以提高产品在客户心中的认知度。而且，这些有广告投入的杂志、期刊，也可作为推广物料赠送给目标客户，增加产品的品牌认知度。

（4）网络媒体平台。随着互联网沟通平台的发展，越来越多的药企业运用企业网站、微信公众号、APP 等平台宣传产品，但是基本上都是浅尝辄止。线上处方药营销是个庞大的系统工程，不仅要做好整套系统硬件配置，更要懂得利用好大数据，挖掘目标客户群体真正需求，做好客户服务体系。我相信，在不久的将来，这种方式肯定带来一场处方药营销革命。

（5）产品提示物。这主要是一些印有公司和产品 logo 的小物品，如签字笔、笔记本、台历等，可以在各项会议中作为小礼品分发，也可以作为一种初次沟通的敲门砖。因为上面有公司及产品标识，可以增加客户对企业及产品印象，因此这种提示物的制作要尽量做到精致、差异化，提高客户的保存时间，从而提高企业和产品的宣传频率。

3. 文献支持类

（1）电子版产品文献集。当企业的产品文献过多后，需要进行分类筛选整理，并以电子档的方式进行储存，以便于后期应用查找。代表在一对一拜访时，客户可能会针对产品提出很多疑难问题，这需要代表对产品文献很熟悉，给目标客户进行深入讲解，分类好电子版产品文献有助于代表的学习。

（2）核心文献汇编手册。如果文献过多，质量还参差不齐，都打印做成物料工具不现实，可以在核心推广科室里筛选重点文献，汇编成册，其中由大三甲医院专家发表的、在核心期刊上发表过作为首选。此手册可以作为代表培训物料使用，也可作为临床一线推广物料使用。

4. 临床实践类

（1）临床推广问题汇总。在临床活动开展以及一对一拜访时，会收集到很多一线客户提出的问题，公司要把这些问题进行统一收集，内部进行讨论，做出最科学的回答话术，汇编成册，打印发给一线推广及代表，作为他们应对市场问题时的重要工具。

（2）临床用药经验。收集医生使用产品的经验进行汇总分析，制作出每个科室、适应证用药的路径、注意事项等。与产品的 VIP 客户进行深入沟通，了解其使用产品的一些临床经验，把这些经验进行汇总，进行加工后做出核心科室常态的临床用药方案，最好与医学部的临床项目相衔接，最终整理出核心科室适应证的临床应用经验范例。

（3）患者病例分享集。收集临床各科室患者用药效果突出的病例，进行记载并宣传。一般可以在做病例分享活动时进行收集整理，企业也可以设计专门的项目活动进行病例收集，最终确定出一些典型、权威的患者病历，汇总成册，可以穿插在一线推广课件及拜访话术中，供推广及销售人员学习使用，也在病例分享会、学术沙龙会、基层继教会上交流使用。

5. 权威教材指南类

（1）临床用药指南类。企业为了提高产品的生命周期，加强产品推广定位科学性，需要做好临床路径和应用指南介入工作，充分利用指南推荐做好产品定位宣传。而且，此类推广工具是终端客户比较欢迎的一种，比较符合国家推行的临床路径管理方向要求。企业可以购买收集各类有关阐述我司产品的指南类图书，如《国家基本药物临床应用指南》《中成药临床应用指南——心血管病分册》等，但也要辨别清楚这些指南的权威性。

（2）医学教材类。医生这个职业需要保持持续学习的，正因如此，他们需要购买一些医学类学习教材。企业要充分利用好这个需求，购买收集各类有关阐述我司产品的教学类图书，如《中西医结合外科学》《农村卫生人员培训配套教材》等，赠送给他们，同时对教材内我司产品进行宣传讲解。

二、如何正确使用这些工具

我们先看一下这些工具都用于哪里。

- 产品 PPT：用于推广人员岗前培训、代表培训、科会开展、综合性活动开展、学会活动参与等。
- 产品知识手册：供推广人员岗前培训、代表培训、代表临床推广过程中查阅。
- 产品知识 100 问：用于业务员产品知识自学，或者临床工作中遇到的基本问题时查阅，辅助代表加深对产品的理解。
- 中西医名称对照解释：解除西医对简明处方中中医名词的疑惑，当医生或者业务员对功能主治产生怀疑的时候，方便说明药品作用机理，利于沟通。
- 产品医学资料：用于代表及推广人员全面了解产品相关预防、诊疗、康复等医学信息的资料。
- 产品彩页：医生一对一推广及活动宣传的基础物料。
- 产品提示卡：此项物料比较适合基层医院的推广。
- 医学杂志广告：用于拜访专家及 VIP 客户时使用，可以提高公司和产品知名度，并可把杂志当作推广物料使用。
- 网络媒体平台：可邀请推广人员、代表、医生一同加入，定期发布有关产品的医学信息，也可作为产品使用的交流平台。

- 产品文献集：主要用于推广人员和代表查阅学习使用，当在推广过程中遇到问题可以作为辅助参考资料。
- 核心文献汇编：可以作为学术推广物料使用，针对医生一些使用问题进行重点分析解答。
- 临床推广问题汇总：用于代表培训时使用，切记在日常工作中进行收集汇总，并及时更新优化。
- 临床用药经验：用于在面访医生时进行讲解，有样板案例示范作用。在开展各类活动时也可作为重点讲解内容。
- 临床用药指南、医学教材类书籍：可作为客户推广物料使用，重点讲解产品在某些领域使用的权威性。

作为临床工作人员，应该怎么使用这些工具呢？

这些推广工具的使用，可以分成三个阶段：初次拜访阶段（一般1～6个月）、重点上量阶段（一般6个月～2年）与日常维护阶段（一般要2年以上）。当然，这三个阶段的进度也要看代表实际工作的情况而定。自我学习阶段要持续穿插到每个阶段里面，图13－1所展示的是各个阶段代表应该重点掌握实用的工具类型。

学术推广工具的“制作、消化、使用”，是企业必须重点关注的内容。

制作方面，要充分发挥医学经理和产品经理岗位作用，既要阐明医学推广定位，也要突出产品推广定位，要把工具类型和工作职责分清楚，充分收集一线推广/代表建议，及时优化调整，工具的展现要差异化，要贴近客户的需求不断创新。

消化方面，不仅仅是把东西做出来、做好，还要建立体系化的培训学习制度，定期持续的组织培训学习，让一线推广/代表人员掌握，并且要对学习情况进行考试和评估，设立相应的奖惩机制。

使用方面，不能“眉毛胡子一把抓”，要分阶段重点推荐，分阶段

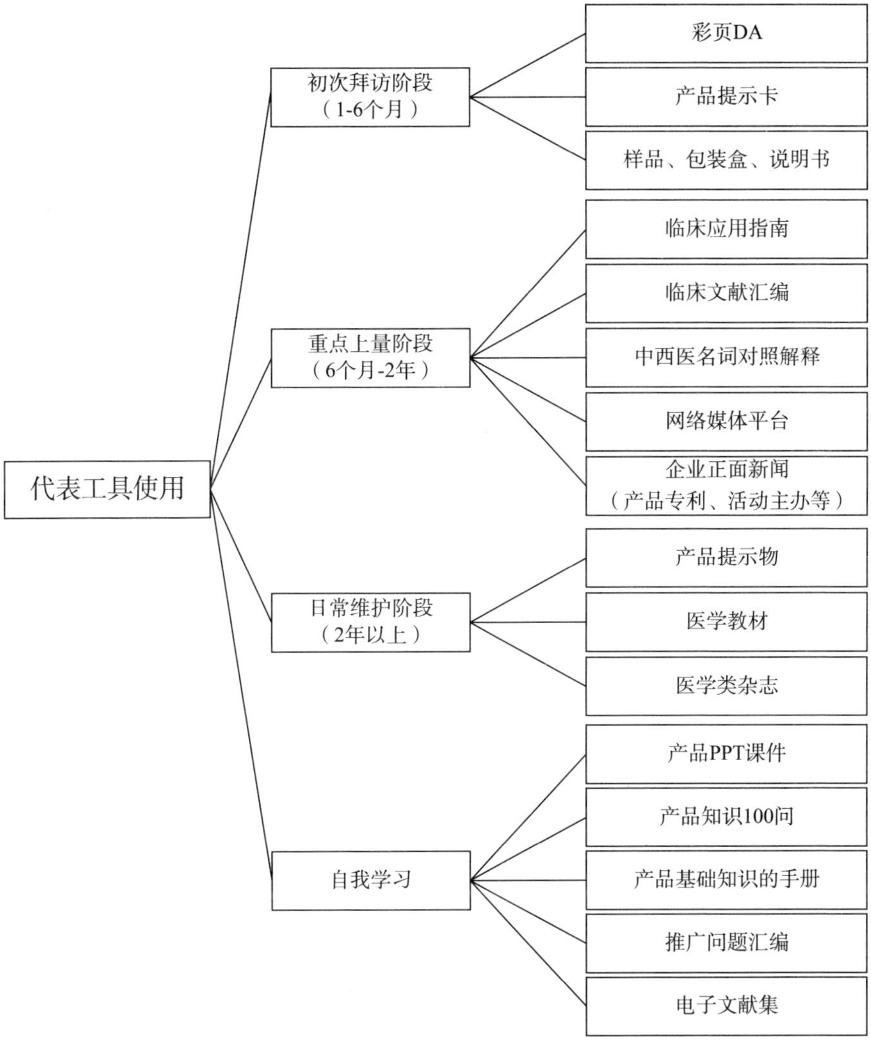

图 13－1　各个阶段代表应该重点掌握实用的工具类型

制定出工具使用的措施，还要制定出标准化推广工具使用细则，以及常态的检查和评估机制。

三、工具使用常见问题及分析

问题1：某企业产品经理在制作学术推广工具时，翻阅大量的历史文献，整理了很多临床数据，制作出形式多样的推广工具。之后，他把这些工具打包成文件包，发到相关平台上供推广人员及临床人员自行下载。推广人员及临床代表下载后发现，推广工具数量庞大，重点无法分辨，不知从何下手？

分析：该问题在很多企业都存在，因为在产品经理的岗位职责里，只要求他时保质完成推广工具即可，并不要求他去思考如何让推广及临床人员掌握并使用，让他去做常态化的工具使用培训，更没有就后期成效对他进行考核。要改变这一点，在制作推广工具文件包时，就一定要进行分类汇总，分层次的梳理归类，分成重点掌握、一般熟悉、了解知晓三大类。这样做也有利于推广/临床人员查询使用。当然工具的使用和消化，推广及临床部门负责人也要予以监督重视。

问题2：某企业推广人员在开展科室会时发现，当讲课完毕后，每次会前分发给客户的DA并没有被带走，还是留在会议室。在课件讲解后的答疑环节，很难对客户的问题给予满意答案。代表在拜访客户时，只会运用DA一种工具，客户一般只会翻开看一下，然后就随手放在桌子下面，后期基本全部扔掉。

分析：在开展科室会时，一般都会给客户发DA，这已经成为一种工作常态，客户已经很难感受到差异化呈现。因此，建议在开展科会时，可以把相关科室的优秀文献进行筛选，一同打印出来呈现给客户，还有就是临床用药经验，里面可以包含重点疾病治疗推荐方案，明确指出哪些指标可以提升，哪些指标可以降低，是在哪个权威文献中予以阐述的。在开会讲解课件时，要把呈现的文献及临床用药经验物料重点讲解，适当加大会议现场的互动性。代表在拜访客户时使用 DA，一定要把重点内容进行标注，毕竟面访时间有限，一般只会在 3 分钟之内，让户记住关键信息。面访中，不能只使用 DA 一种，要学会使用多样化的推广工具，给提供客户差异化呈现，在沟通过程中挖掘需求和问题时，要利用多种物料予以证明和说服。

第十四章
医药代表转型

随着医改步伐的加快，特别是“医药代表备案制”配套细则相继出台，医药大环境正在发生重大变化，“医药代表转型”已成为药企迫在眉睫需解决的事情。而且，各种媒体也不断曝光一些医药行业不法行为，导致人们对“医药代表”这个职业产生了很大误解。其实，“医药代表”这个职业在发达国家已有近上百年历史，他们不仅帮助了很多执业医师合理安全用药，并且把最前沿的医药学动态进行传播，给很多患者带来了福音。

说起来容易，做起来难。很多国内企业在刚开始发展时，需要代表注重“客情管理”，导致现阶段的转型遇到各式各样的问题。比如临床团队整体转型意识不足，还抱着“重客情、轻学术”的销售思维；临床团队产品知识掌握不好，学术推广技能使用不熟练；代表不清楚转型后应该做哪些事情，做到什么程度才符合标准；企业市场职能部门建立不完善，没有提供常态的培训、活动、项目支持，等等。以下，笔者将对上述几个问题，阐述自己的想法。

一、转型意识的宣贯及团队优化

要从根本上解决问题，就必须解决思想问题。无论是从国家政策导向，还是企业合规发展要求，抑或自身职业规划来讲，医药代表转型这条路，都必须走下去。笔者建议，要先做几场有关医改政策的内部培训，提高代表对未来职业发展定位的认识，从对国家医改方向的解读中，导出“医药代表”转型的重要性，以及未来医药代表应从事工作内容，即定位的一对一宣传，推动学术项目开展，建立完善的专家网络、充分开展各类学术活动，最终让“客户”了解产品特性，影响其疾病处方习惯。当然，在宣传过后也要评估现有团队成员，是否全部合适转型。那些思维固化，只注重客情，没有医学和药学背景的代表，要及时考虑淘汰优化。同时要多引进专业能力过硬，有学术推广经验的人才，在内部形成竞争机制。

关于转型意识的宣贯，除了政策培训，也要在团队内部树立典型，可以组织一些讲课比赛或资格评定活动，在比赛中挖掘优秀人才，在资格评定过程中淘汰不合格人员。

二、体系化培训是转型基础

医药代表转型期间，其岗位职责和考核指标有很大变化。这就需要有一支非常优秀的培训团队（实际上由推广部门承担培训职能），根据销售模式向学术推广方向转型的需求，制作有关产品知识和推广技巧的课件，制定常态化的培训计划，具体可以效仿很多外企，进行内部资格认证，即定期开展评比认证活动，提高临床团队人员整体推广能力。通过培训和认证活动，把代表进行分级，实现不同级别代表在会议开展权利以及薪资待遇上差异化，将转型速度慢的代表进行优化。

某企业每年都会举办一次讲者认证活动，对临床代表及推广人员做一次全面评估，通过认证的会颁发证书。企业要求临床代表必须过初级讲师资格，推广人员必须过中级讲师资格，明确只有通过认证后才能开展小型会议，只有获得高级讲师资格的才能开展大型会议，并且不同级别认证成功后，每月会有相应级别的讲师补助津贴。对没有认证成功的给予补考一次机会，如果还不通过，则予以降级、辞退、转岗处理。

以下是该企业讲者认证评定标准：

根据公司及团队人员目前状况，对讲者的培养认证主要内容分为两个大的方面：一是产品知识及延伸临床的相关专业知识，即笔试部分，占考核权重30%；二是在现场PPT演讲技巧及演讲能力，占考核权重70%。按照最终得分分为初级讲者、中级讲者、高级讲者（注意：笔试原始成绩不达80分者，不予获得认证），不同级别人员可在不同级别的会议中担任主讲或学术负责人。具体如表14－1所示。

表14－1　不同级别讲师的认证标准

级别	评分级别（分）	会议级别	适用部门
初级	60～75	一二级终端科室会等	销售部
中级	75～90	等级终端会议、地区小型座谈、病例分享会议等	销售部、推广部
高级	90～100	所有级别会议（专家会议讲者根据会议内容另行邀请）	销售部、推广部

培训的内容要有侧重，除了常规的产品及医学基础知识外，还要把客情管理、沟通技巧、活动开展、项目推广的实操方法作为培训重点，如《如何做好客户管理》《面访沟通技巧》《如何开展科会》《如何组织开展病例分享/学术沙龙》《如何使用学术推广工具》《如何利用征文推动销售》《如何开展病例收集》等。在医学部/产品部启动学术项目时，就要做好这个项目的培训课件，并且把整个流程、工作内容、注意事项都明确出来，由推广部人员制定培训计划，系统性地组织相关人员进行学习。

不是一次培训就能把问题解决、思想传达到位，因此培训一定要能持续，培训计划要成体系。一般培训完整的流程，如图14－1所示。

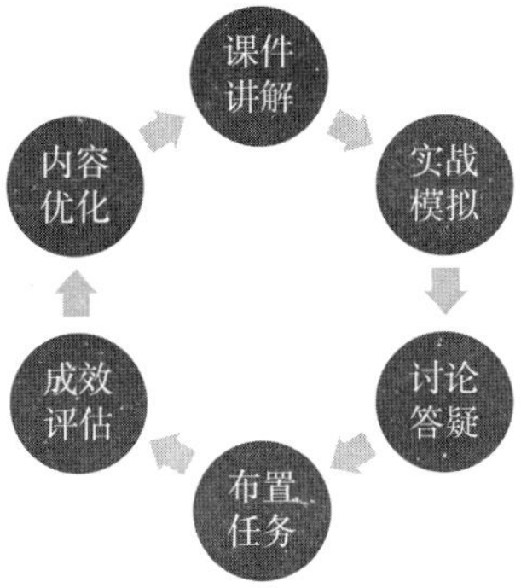

图 14－1　培训流程图

培训是一个闭环。切记培训的目的是为了能用培训的内容去解决实际问题，给企业带来直接正成效。

三、考核指标要向合规化发展

在有关“医药代表备案制”的相关政策文件中指出，医药代表不能承担销售指标，不能通过任何方式了解处方情况。这就给原来的结果导向的考核方式带来了挑战，必须加大对过程的考核。那么，过程考核应该包括哪些内容呢？我认为，应该包括：拜访率、学术活动开展后的回访计划落实情况、医学项目（如征文、试验、调研报告等）的推动情况、其他客户需求的回馈情况等。以下为某企业的代表薪资结构及考核方式。

代表的薪资构成为三部分：基本工资＋季度奖金＋年终奖。

其中，季度奖金占整个薪资结构的30%以上，并在季度进行绩效评估，以绩效考核的分数进行小组排名，一般最低为10人一组，绩效排名前20%的可以拿到双倍季度奖金，绩效排名后10%的只能拿到50%的季度奖金，并且连续两个季度排名在后10名者，可以考虑予以辞退。具体绩效评估的项目如表14－2所示。

表14－2　代表绩效评估的项目

考核指标	考核内容	占比权重
日常行为	目标拜访次数、拜访频率、拜访质量等	50%
科会指标	责任医院科会数量及质量达成情况	20%

续表 14 - 2

考核指标	考核内容	占比权重
市场辅助指标	协助开展大型学术活动情况	30%
	协助开展医学项目情况	
重大失误扣分	1. 学术活动开展不积极配合，有明显案例体现； 2. 省区内学术活动的费用有不属实情况； 3. 其他违反公司及部门相关制定。 依据情况给予 5 ~ 20 分扣分处理	5 - 20 分 扣分处理

以上考核指标，明显加大了过程管理及活动项目开展的比重，但也加大了过程管理的难度。如果不以结果导向，往往容易产生过程做得很完美，但却没有成效的现象，这就很考验管理者在细分指标设计的能力。一线代表这个层级，要尽可能地减少销售为导向的考核，侧重于拜访频率、质量、活动及项目推进等过程导向考核，但作为区域管理者，是必须要以销售导向为主，过程管理导向为辅。

转型是一个漫长的过程，作为管理者要根据市场的不同情况，可以先做试点，在试点中摸索适合市场及团队的考核方式，不断提高自身队伍的素质，减少对销售结果的考核。当然，所有的考核都要有成效体现。就企业而言，最大的成效体现就是销量；就“客户”而言，最大的成效体现的是能帮助其合理诊疗用药提供方案，顺便能给其提供差异化的客情服务。

四、工具及活动项目是转型的武器和手段

学术推广工具的使用，对代表开展工作非常关键。因此，学术推广工具的培训，要作为重中之重。为了保证与客户沟通时的标准性，可以把客户沟通内容做成选项，让代表从中选择沟通内容。选项内容可以包括：指南内容推荐、回顾性研究成果展示、试验结论讲解、文献讲解、大会专家发言、教材推荐、医学杂志分享等。而且，选项内容要根据不同产品情况分类制定，要及时根据市场情况更新优化。

作为一线代表管理者，要常态抽查推广工具的掌握情况，以及在终端使用的情况，在代表的绩效中设立奖罚机制。有权威机构做过调研，客户对产品定位的理解，与推广工具传达的频率及深度密切相关。

对代表的考核指标要向合规发展，就必须由市场职能部门提供出大量会议项目支持。可以想象，如果医药代表在转型期间没有学术活动的持续开展、没有医学推广项目支持，没有推广人员常态的培训指导，“医药代表转型”工作将很难实现。而代表需要具备一对一拜访教育、开展科会的能力，并且要熟悉大型活动及项目推进的整套流程，以便于支持负责市场职能部门完成各项指标。会议活动的内容有：病例分享、学术沙龙、城市会、卫星会、继教会、医学会赞助等，学术项目内容有：病例收集、市场调研、征文、临床观察、专家点评、专家评比等。

医学部、推广部等市场职能部门，要根据每个市场的情况制定学术

推广策划案。策划案中，要对会议和项目指标进行细分，明确到每个区域销售主管单位上，区域主管再根据人员配比、资源情况进行细分，制定出每个代表可量化的行动指标。在年初方案制定出来后，要做统一的培训，要把为什么做、做什么、怎么做、做好了能获得什么、做坏了有什么惩罚等讲清楚，并以季度为单位细化指标。

总的来说，“医药代表转型”是个长期的工作，企业要根据自身的情况慎重推进，不能操之过急，可以从试点市场、试点团队做起，在实战中慢慢磨炼，总结经验持续优化，具体先从宣贯意识和 KPI 调整入手，重组和完善市场职能部门，建立起一支优秀的推广团队，完善培训和认证体系。我相信，只要坚持转型方向不放弃，当医药市场环境走出动荡期时，也就是企业快速发展到来之时。

五、转型中常见问题及分析

某企业迫于现在医改政策的压力，启动了医药代表转型工作。在转型过程中，减少了“客情维护”及“销量结果”的考核，大面积地开展小型会议。但是，在小型会议的开展过程中发现，会议变成了客情维护的手段，有大批弄虚作假行为，把会议费用转变成客情维护费用。而且，在考核指标中只对科会数量进行考核，没有针对质量的明确要求。大型活动及项目的开展，基本上就是应付市场职能部门，对推广工具了解甚少，在面访客户时还是用老一套沟通方式。

相信很多企业的代表转型中，都遇见有过以上问题。要破解，第一，切记医药代表转型是个长期工作，要循序渐进地推进，否则可能会导致销售成果不可控，毕竟对于你的产品，客户已经养成了一些固化的需求习惯。

第二，销售指标的考核中“客情维护”是不能减少的，客情营销手段更符合我国国情。对日常行为管理的考核要加大，提高拜访频率以及物料投放次数。至于销量考核，迫于政策压力可以在代表层面减少，但是在区域主管及经理层面必须要有，毕竟所有的学术推广工作都是为了销量提升。

第三，小型会议的开展要有数量的指标，也要有质量的要求，要把会议开展的流程标准进行细化，明确后期的检查评估机制。大型会议的开展不仅仅是市场职能部门的事情，临床团队也要充分利用会议开展的机会，要求目标客户积极参与，重点邀请对产品不认可、有潜力的客户。

临床部门往往会埋怨，没有活动和项目怎么让我们去做学术推广？其实，这个问题的原因，不仅是学术活动少、不够持续，更在于没有很好利用现有活动项目。要解决这个问题，培训和教育工作就非常重要，要制作出活动及项目工作的流程标准，让他们知道该做什么、怎么做，慢慢地养成学会推广的行为习惯，还有就是建立内部学习机制，学习学术推广工具的使用。

第四，在临床工作中要有明确的物料呈现标准和要求，不能把物料给他们后就置之不理。要让他们自己去灵活发挥使用，是不切实际的。

总之，代表转型工作不能急，最好在试点区域进行尝试。试点区域可以选择刚刚介入的终端，然后在把试点的成功经验进行复制推广。

第十五章
推广服务外包商管理

一、推广服务外包商的由来

医药服务外包主要有三种形式，即研发外包 CRO、生产外包 CMO 与营销/推广外包 CSO。

这里，对于 CRO 和 CMO，不做过多的阐述，主要说说 CSO。CSO（Contract Sales Organization），英文直译为合同销售组织，它主要为客户在销售和市场营销方面提供全面的专业服务，这其中囊括了市场调研、产品策划、市场推广、产品宣传、渠道设计、终端促销等内容。

国内 CSO 的发展可分为三个阶段：

第一个阶段是在 2009 年之前，那时国内 CSO 还处于启蒙阶段。因为各种原因，外企的医药代表不断减少，但为了保证原来的销售规模，多数企业建立了自己的 CSO 公司，把原来的直营队伍转移到了 CSO 公司，这样既规避了一些合规风险，又可以大规模增加销售人员，扩大销售规模。

第二个阶段是从 2010 年到 2015 年，国内 CSO 开始发展起来。随着外企 CSO 模式的成功探索，医药整条产业链的逐渐完善，医药行业专业化分工趋势越来越明显。CRO 做药品研发，CMO 做药品生产，CSO 负责药品销售。这期间，国内医改政策也日趋明朗化，国家打击医药贿赂的力度在加强，促使药企向正规学术推广方向发展。很多有前瞻性的药企开始自建 CSO 公司，也有一些专业的 CSO 公司开始迅猛发展。

第三个阶段是从2016年起至今，国内CSO迎来了春天。在这个阶段，国家密集出台了两票制、营改增、医保支付改革及药品销售合规化等方面的一系列医改政策，在这些政策的倒逼下，国内药企和原代理商承担了很大合规压力，CSO模式也因此越来越受到药企和代理商热捧，乃至一夜间出现了大批“伪CSO”公司。随着2017年医改政策落地的细则文件出台，国家开始下大力度进行整治CSO，就连“泰凌”这样正规的CSO公司都遭到了处罚，何况那些假的离谱的“伪CSO”公司。现阶段真正能做到CSO公司职能的外包商，可以说是凤毛麟角。这有历史原因，毕竟之前的“代理商”习惯的是“短、平、快”的客情营销模式，并不具备学术推广团队和能力。当前，有自己营销团队的中国药企只有15%，也就是说，85%的厂商需要寻找合作伙伴进行产品推广和销售，CSO的未来发展空间还非常大。

二、推广服务外包商与企业的分工

当前，我国大多制药企业的销售基本采用“外包 + 自营销售团队”双模式，因为建立直营团队不仅成本压力巨大，管理维度较多，而且在国家严格管控处方药合规营销的形势下，还存在很大风险。于是，这些企业就找一些合适的外包商进行合作。不过，如前所述，真正意义上有学术推广能力的外包商现在很难找到。其实，对企业来说，外包商的核心价值是其一线临床能力、政府公关能力、KOL 关系维护能力等，至于学术推广能力，企业可以和它共建。企业只要整合好自身资源与外包商的资源，往往会起到很好效果。两者具体分工，如图 15 – 1 所示：

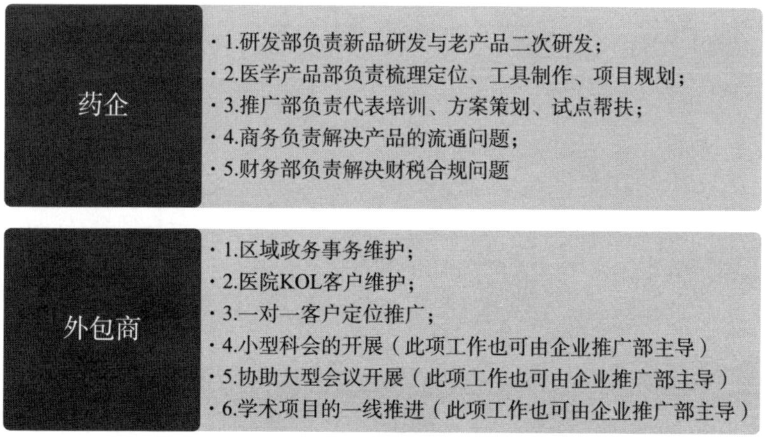

图 15 – 1　药企与外包商工作分工图

在外包商分工里，会议及项目开展也可以由企业推广部为主导，原因在于，真正拥有学术能力的外包商非常少。当然也不排除有些外包商，具备学术推广能力，这样厂家更多的则只要考虑如何支持、辅导及监督。在学术推广工作中，厂家拥有很多外包商不具备的资源，而外包商也具备厂家所没有一线临床能力，因此，最好的局面是两者携手，共同完成转型工作。

三、推广服务外包商的入围标准

现阶段，推广服务外包商大多是由之前“代理商”转变而来的。之前的代理商主要有三种类型：省区代理型、区域代理型与自营团队型。随着国家医改政策的缩紧，省区、区域代理型很难有生存空间，而且厂家真正需要的是外包商的开发能力、一线临床能力、学术推广能力，而不是分销能力。

首先，我们要对外包商进行调整和优化。对老外包商，要重新进行评估，逐步替换那些不配合、没有学术转型意识、没有直营团队、产品结构严重不合理的外包商。在新外包商的选择上，要把好关，除基本的个人信息外，一定要了解其直营团队、渠道资源、产品结构、学术推广能力等情况。

（1）直营团队情况。要了解其直营团队人数、直营团队学历背景、直营团队的工作经验，也要重点考察直营团队的管理能力，比如是否有规范的管理制度，是否有明确的绩效指标，是否有常态例会，例会的开展的情况怎样，等等。具体了解方式，可以与其代表直接沟通，也可以通过参加其例会以评估其管理能力。

（2）渠道资源情况。要了解其与哪些配送商有过合作，在哪些医院终端有过临床工作，与终端的哪些 KOL 关系较好。通过对商业渠道的了解，有便于企业渠道的规划，而医院终端的临床经验，直接影响与其签订的合约范围。很好的 KOL 的关系，可以给后期学术推广工作带来便利。具体了解方式，可以向行业伙伴打听，最好是能与代表沟通或参与其例会。

（3）产品结构情况。很多企业都遇到过这种情况，外包商的终端临床能力很强，但是因为其产品多，对我司产品关注度不足，没有全力以赴对我司品种进行推广。为了避免这种情况发生，在选择新的推广外包商上，就要做好调研工作。“强扭的瓜不甜”，我们选择的不一定是最好的，但要是最合适的。最好的合作伙伴就是其产品结构类型与我们相符，并且不超过 5 个以上的品种。另外，要想保证其对产品的关注度，就要在前期签订合同上下功夫，在后期的服务上做到差异化，在学术推广工作上给予支持和帮助，重点帮扶其代表成长。

（4）学术推广能力情况。外包商不具备学术推广能力是很正常的情况，但其必须要有学术推广意识，这样企业推广部肩负起学术推广工作的重任，外包商才可能积极配合。在前期签订合同时，要明确外包商的学术推广相关计划指标（会议指标、项目指标、培训指标等），如果学术活动指标没有达成，会有相关的处罚措施。

以上四个指标，就是推广服务外包商的入围标准。但在现实中，能同时满足这四项的外包商很少。企业要根据实际情况，以及阶段性需求，酌情处理。在客户管理系统中，建立体系化的外包商资源库，并进行常态化更新及优化。

四、推广服务外包商的协议约定

与外包商签订协议是合作的前提。协议里一般包含：协议期限、品规、协议区域终端及销量、保证金条约、推广服务计划内容、开发终端任务、已开发终端任务等，协议的制作要与企业法务部进行商讨，规避好合规风险。

以下为外包协议模版，供大家参考。

产品营销策划服务承包协议（模板）

甲方：

乙方：

鉴于甲方在资源整合方面的优势以及乙方在药品营销策划方面的专业经验，甲乙双方经友好协商，就乙方承包甲方在约定医疗终端的产品营销策划服务达成本协议：

一、协议期限：

本协议有效期自____年__月__日至____年__月__日。

二、合作内容：

1. 甲方利用自身具备的资源优势寻找终端营销策划及推广产品；

2. 乙方负责产品在服务区域内所约定的医疗终端（详见附件一）的所有营销策划及推广活动，包括市场调查及营销策划、产品渠道构建、患者教育、产品品牌建设、产品学术活动等，同时乙方接受甲方对服务结果的考核，确保渠道构建和销售结果的达成。

3. 部分医疗终端的营销策划及推广活动方案需由甲乙在签订本协议时协商一致，作为本协议的附件严格执行（详见附件二）。

三、本协议期内营销策划及推广产品：

品名	规格	单位	包装	厂家	协议期内考核服务结果（盒）

四、甲乙双方的权利义务：

1. 甲方负责为乙方提供所服务产品的所有资料信息；

2. 甲方不得无故拖延应付乙方的承包服务费；

3. 乙方严格按照协议约定的终端范围提供营销策划及推广服务；

4. 乙方严格执行双方对部分终端达成的营销推广方案；

5. 乙方负责所服务终端的配送渠道构建，且接受并服从甲方或甲方指定第三方对商业的管理；

6. 乙方保证所服务终端产品销售的真实性。

五、承包费用及考核：

1. 甲方根据乙方完成营销策划及推广活动方案的进度、质量及效果向乙方支付承包服务费。甲方在应向乙方支付在承包服务费范围内发生的乙方为进行承包行为而支付的真实、合理的费用，甲方依据乙方提供的票据报销；

2. 根据双方对承包服务内容的约定，本协议期内的承包服务费控制在__/__万元；

3. 乙方凭增值税发票报销费用，并书面确认收款账户报公司备案。甲方在乙方提供相关费用发票后，应于__/__月的__/__号前支付1月份产生的销售费用，以此类推。

乙方认可甲方将应付费用支付至以下指定账户：

户名：

开户行：

账号：

4. 甲方主要考核乙方以下服务结果：

a. 渠道构建：构建数量及质量达到甲方要求（详见附件三），在约定期限内没有达到要求的，甲方有权无条件收回该渠道的服务权；

b. 渠道结果：通过乙方提供的服务使协议约定的终端销量达标（详见附件四），如未在约定期间内达标，甲方有权不支付乙方所发生的费用，或者取消终端服务权。

六、保证金：

本协议签订/日内，乙方应向甲方缴纳0万元服务保证金。保证渠道构建、渠道结果的达标、真实，以及所服务终端的顺利交接。

如协议期内乙方能完整履行本协议，未出现违约或损害甲方利益的行为，协议期满后（双方确认不再继续合作）三个月内甲方如数（不计息）返还保证金。

如协议期内乙方未能完整履行本协议，且出现违约或损害甲方利益对行为，甲方有权优先从保证金中扣除违约金或给甲方造成的损失。

七、市场交接：

双方终止合作后，乙方应妥善解决所服务终端的交接问题：

1. 双方应在合作终止后十个工作日内确认乙方负责区域内商业单位、医疗终端的实际库存货物数量及其他市场信息。

（1）已实现销售（即不在商业单位、医疗机构库存中）但商业未回款部分在无遗留问题的前提下，回款后可按本协议第五条规定支付承包服务费用。

(2) 双方确认的库存货物，甲方在确认市场无遗留问题的前提下乙方督促商业单位、医疗机构无条件移交全部库存货物。

(3) 甲方已向乙方支付了相应的承包服务费用，但该部分货物仍在商业单位、医疗机构库存中，乙方须无条件在一个月内解决遗留问题，或者退还在甲方已经支付的该部分服务费用。

(4) 甲方还未向乙方支付相关承包服务费用，但该部分货物仍在商业单位、医疗机构库存中，甲方有权不向乙方支付相关费用。

2. 乙方应向甲方全面移交商业单位、医疗机构等环节的客户关系等市场信息并归还甲方或生产厂家的证照复印件、授权委托书、营销材料等文件、资料、软件和数据。

3. 如乙方拒不交接市场或消极配合甲方交接市场，致使市场中断或接交人无法正常开展工作，甲方不支付承包服务费用并可要求乙方赔偿相关损失。

八、其他约定：

1. 乙方承诺并保证其只对本协议所约定的终端提供服务。如乙方或者乙方指定的商业单位或者医疗机构发生窜货行为，甲方有权根据《窜货管理办法》追究乙方的责任。

2. 乙方在服务过程中，必须严格遵守国家有关法律法规合法经营，并承诺服务中不存在不正当竞争、损害甲方产品及产品生产厂家名誉的行为。如果乙方在服务活动中发生违纪违法事件，与甲方无关，因此给甲方或第三方造成损失的，承担赔偿责任。

乙方不得利用甲方的委托书等各种资料文件或者以甲方名义从事本协议约定范围之外的任何商业性活动。乙方在服务活动中发生的债权债务由乙方负责，与甲方无关，如甲方因此遭受损失，有权向乙方进行追偿。

3. 乙方对所服务终端（含商业）的产品流向单的真实性和及时性负责，甲方有权核实并作为向乙方支付承包服务费用的依据。

4. 因乙方原因导致市场断货或者市场推广受阻，甲方有权缩减其负责终端范围。如果因此导致市场丢失等严重后果，甲方则有权单方面取消乙方服务权。

5. 乙方在合作有效期内以及本协议终止后两年内不得直接或间接服务同品种产品，否则乙方应支付违约金人民币　万元。

6. 乙方不得将本协议约定的服务内容进行全部或者部分转包，否则，甲方有权无条件终止本协议，乙方应承担因此给甲方造成的损失。

7. 乙方必须按时参加甲方或生产厂家组织的培训及考核。

8. 甲方禁止乙方以任何名义直接从商业公司提取货物。

九、保密：

乙方对因履行本协议而获知的甲方或生产厂家的商业秘密负有保密义务，不得向任何其他第三方泄露，且该义务不因本协议的终止或解除而取消。

十、违约责任及违约赔偿：

任何一方如不履行本协议或履行本协议不符合约定均属违约，违约方应按约定向另一方支付违约金或赔偿给对方造成的损失，同时，并不影响守约方在法律上寻求损害赔偿或其他补救办法的权利。

十一、争议解决：在本协议履行过程中发生争议，如协商无法解决的，提交甲方所在地人民法院裁决。

十二、不可抗力：

任何一方因有不可抗力或国家政策变化致使全部或部分不能履行或迟延履行的，双方可解除合同，互不承担违约责任。

甲方（盖章）：

区域负责人（签字）：

乙方（签字）： 身份证号码：

签订时间： 年 月 日 签订地点：______________

五、推广服务外包商的日常督促

不要以为协议签了就完事大吉，这只是第一步。外包商是我们的合作伙伴，又是我们区域临床团队，因此我们往往过多考虑如何为其提供更好的服务，而忘了对他们使用压力管理。要根据外包商的重要程度，对其进行分类，根据行程例会情况，安排好拜访周期，一般至少保证一月一次的拜访频率，销量已经稳定的也可以每季度拜访一次。

拜访时，一定要围绕着五大内容沟通：销售总指标达成情况及计划、开发指标达成情况及计划、问题医院情况分析及计划、活动培训及项目推进情况及计划、其他问题答疑。切记不要只做口头沟通确认，每次沟通后都要有备忘录，并且要求外包商签字确认。要明确达成的措施，这点也非常重要。他们为了保证抢占产品资源所有权，提出的所有需求，都会得到满足，但当他们执行任务时候，往往又不给力。所以，要尽量做签字版的约定，明确出下一步计划及奖惩措施。

以下是沟通备忘录的模板，如表 15 – 1 所示，供大家参考。

表 15 – 1　推广服务外包商备忘录（模板）

拜访人：	拜访地点：	拜访时间：	受访人签字：
项目	上（月/季度）指标及计划	是否达成及未达成原因及措施	下（月/季度）指标任务及计划

续表 15－1

拜访人：	拜访地点：	拜访时间：	受访人签字：
销售总指标	总指标达成： 同比达成： 环比达成：	是否达成及指标未完成原因及措施	总指标计划： 同比计划： 环比计划：
开发指标	开发家数达成： 新开发贡献量达成：	是否达成及指标未完成原因及措施	开发家数计划： 新开发贡献量计划：
问题医院分析计划	终端： 原因： 措施：以周/月为单位的（时间、地点、内容、目标）	是否达成及行动计划未完成原因、措施以周/月为单位的（时间、地点、内容、目标）	下月/季度的整改的销量目标
活动培训项目计划	会议内容场次： 培训内容场次： 项目完成情况：	是否达成及指标未完成原因、措施	会议内容场次： 培训内容场次： 项目推进计划：
其他问题解析	政策、支持等其他问题措施达成情况	是否达成及未完成原因	新的其他问题记录及下一步措施

之后，要及时了解备忘录里行动计划的执行情况，遇到计划执行不了时，与外包商沟通，及时更新计划方案。

六、推广服务外包商的服务支持

外包商也是我们的客户，是我们服务和支持的对象。那么，外包商都有哪些需求？需要我们提供哪些服务和支持？

外包商的核心需求是产品。具体来说，包括产品特性、空间大小、学术基础、竞品多少、渠道通畅与否等。就厂商而言，不能就空间问题让步，要冲淡空间问题的影响，要更多在商务及财税、学术支持、市场分析、系统培训等四个方面锻炼企业的硬本领。

（1）商务及财税。这点是与外包商合作的前提。厂家要给外包商提供佣金，能否及时性提供非常重要。但随着国家税费制度的改革，让很多财税能力原本就很差的药厂雪上加霜，导致佣金地提供很难得到保证。再有，外包商需要的渠道是否畅通，也非常重要。有很多药厂就因商业渠道的问题，出现过，满足不了外包商培训需求的现象。配送渠道的畅通，需要厂家商务团队大力维持。

（2）学术支持。学术能力是我们选择外包商的标准之一，但外包商大都不具备这个能力，因此厂家必须担起这个责任，也只有厂家拥有学术定位分析、物料制作、专家网络建设的能力。

对外包商的学术支持包含几个方面：推广工具的提供、学术会议及活动支持、专家网络的共享。在推广工具方面，首先要让外包商了解有哪些、怎么用，然后再根据其实际需求提供，必要的时候工具的支持也要与其销售情况挂钩。注意，不能无限制地为其提供推广工具。我就经历过外包商不停地要彩页，把办事处都堆满了，但是产品的销售没有任何变化。出现这种情况，就要问为什么，分析哪里出现了问题。在学术会议项目支持方面，无论是小型会议，还是大型会议、医学项目，厂家都要提供支持，具体包括学术推广策划案、费用、推广人员的支持等。在专家网络建设方面，外包商大都拥有区域一线专家关系，厂家则培养了一批代言人专家，要把这些类型专家充分共享，做好上下衔接配合。

（3）市场分析。外包商因为其产品结构多样，签订终端数量有限，市场的分析能力不足，分析工作包含容量分析、竞品分析、数据分析三大方面，容量分析就是通过协访，帮助外包商了解终端医院的最大潜力量，从而分析找出机会点。

容量分析就是通过协访，帮助外包商了解终端医院的最大潜力量，从而分析找出机会点。竞品分析就是把其竞品找出来、分析优劣势，制作出推广工具及话术。数据分析就是对区域、终端、客户、代表做同比、环比分析，找到阻碍销售的问题，并提出合理化建议。需要深入实地了解，通过代表协访、终端拜访、医生面访，挖掘真实问题才能得出准确的分析结果，厂家可以利用外包商例会时间，与外包商一起讨论分析报告。

（4）系统培训。不管是企业要把医学产品定位、物料工具，会议项目计划向下传达，还是外包商要知晓厂家政策情况，熟悉物料工具的使用，学会利用活动项目，提高代表能力，加快转型步伐，都需要系统的培训支持。建议厂家推广部门针对优秀外包商制定培训计划，建立代表培训课件库，给它们提供差异化培训服务，还要根据外包商的需求，持续优化调整。

除了以上四方面的服务支持外，还要“以客户为中心”的理念，多了解外包商的个人信息，挖掘个性化需求，再予以帮助满足，往往会得到更好效果。厂家最好可以成立客户服务部，把外包商的问题统一收集处理，因为外包商问题需求是多样化的，如政策问题、学术问题、渠道问题、财税问题，等等，以前这些问题往往由不同部门负责，沟通成本很大，成立客户服务部，可以建立统一“出口”，起到承上启下的作用。

七、推广服务外包商的激励手段

我们要把外包商当作一线团队来看，设计激励措施手段。除了协议上规定的佣金返利、奖惩措施外，阶段性的激励措施往往更重要。一般协议是一年一签，但在实际操作过程中，有时候因很多原因离签订的目标差距甚远，而有时候由太过容易地完成了目标。这些时候，企业就要制定阶段性激励措施，最大程度激励外包商。

某外包商年初签订的销售任务是 10 万盒，虽然它十分配合厂家工作，但因一些市场环境政策原因，半年过去了，只完成了 1 万盒，销售任务差距甚远，根据年初签订的协约，其要被处罚 5 万元。对于这种情况，我们就要考虑怎么拉动外包商的积极性了。通过调研发现，其签订的责任区域基层医院开发缓慢，但有两家等级医院的潜力还很巨大。据此，可以这样设计阶段性的激励政策，比如定季度开发基层医院数量多少家、完成了有什么好处、没有完成有什么处罚；两家等级医院季度目标扩展科室及客户数量，完成了有什么好处，没有完成有什么处罚，等等。以备忘录的形式记录确定的内容，双方签字确认。

要充分利用好外包商的保证金。切记，通过处罚收回保证金不是目的，重点是如何利用保证金，激发外包商的积极性，从而推进阶段性目标向协议总目标靠近。当然，也不排除外包商不具备能力，没有合作推进的意识。这种情况，就要尽快解除合约，重新寻找新的合作好伙伴。

八、管理中常见问题案例解析

某企业一直采用“直营＋代理”的营销模式，随着近些年医改政策出台，其大批原来的代理商转变成 CSO 外包商。但是，这些外包商原先的营销方式没有转变，只是把 CSO 公司当作“洗钱”的平台。而因为国家对医药板块的严查，大批 CSO 公司遭查，很多外包商又重新回归企业，成为企业兼职临床团队。很多外包商以前是总代理或区域代理，产品结构较多，很难进行管理，而且只会做客情营销，学术推广意识差，对学术推广方式不信任、不认可、不支持。

案例分析：代理商成立 CSO 公司，往往只是表面形式的转换，没有解决根本的问题，即外包商是否真正能做 CSO 公司应该做的事情。企业要成立专业的推广团队，很重要的一个职能就是帮助代理商转型。面对外包商，推广经理应该扮演三个角色：外包商的培训部、市场部与直营管理者。具体来说，就是通过培训把学术定位、课件、物料传达清楚，监督评估使用情况；帮助外包商制定市场推广计划，落实学术会议及项目的推进；帮助外包商做好数据分析工作，协访问题终端，发现问题后，制定上量方案。通过试点，让他们尝到甜头，让他们相信学术推广是可以带动销售的。当然，那些总代理、区域外包商，要考虑细分市场，提高自营团队型外包商比例，对那些不信任、不认可、不支持学术推广的外包商，还是要以引导为主，替换为辅，慢慢优化外包商结构。其实，很多优秀的外包商也有转型的需求。企业应该思考，如何修炼内功，提高自身满足需求的能力，与外包商一同携手转型，迈向更辉煌的明天。

附　件

推广管理体系文件

（模板）

一、推广部人员岗位职责

1. **部长岗位职责：**

（1）负责制定部门的战略执行规划、规章制度、年度预算、标准工作流程、推广手册等框架性文件，定期优化、修订并监督、核查落实执行情况；

（2）负责部门人力资源配置规划、员工奖金激励政策的制定和管控；

（3）负责部门学术推广活动、费用报销和办公用品等的管控工作；

（4）负责部门员工的两级考核评定和团队管理工作；

（5）负责部门月度、季度、年度等相关会议的开展，准确理解并及时传达公司的各项方针政策；

（6）根据公司下达的各项任务指标进行传递、分解、跟进、落实；

（7）对部门重点客户和重点专家进行长期跟进维护工作；

（8）定期走访各区域市场，了解市场情况并发现问题，提出合理化建议及核查落实情况；

（9）部门其他日常管理运营工作。

2. **部长助理岗位职责：**

（1）负责部门岗位职责说明书的编制和任职资格体系的搭建；

（2）协助部长制定部门规划、规章制度、考核方案、激励政策、工作流程等体系文件，并按部门制度核查落实情况；

（3）负责省区助理的日常管理工作；

（4）负责部门培训计划的制定、优化、执行和监察、反馈、优化；

（5）协助部长制定部门人力资源规划、配置、招聘和员工的入离调等工作；

（6）负责部门新员工培训及转正前情况跟踪、作业和心理辅导等帮扶考察工作；

（7）协助部长做好基层管理团队和部门财富员工的培养以及管理能力的打造；

（8）负责部门预算、学术推广费用、费用报销等部门费用抽查工作；

（9）负责部门团建工作的策划、开展、总结；

（10）定期走访各区域市场宣贯企业和部门文化，了解市场情况并发现问题，提出合理化建议及核查部门任务落实情况；

（11）整理部门月会、季度会、半年会、年会会议资料，准确理解并及时跟进公司的各项方针政策的落实情况；

（12）领导交办的其他临时性工作。

3. 推广部内勤岗位职责：

（1）针对责任区域人员的周报、月报、征文、专家维护和产品培训等相关报表的上交情况进行审查记录汇总；

（2）根据领导每月发布的省区重点工作，对各区域人员进行提醒、审查、记录工作；

（3）编制绩效考评表及提成奖励表，完成各区域的绩效奖惩收集、初审、登记工作；

（4）对部门领导的临时部署、通知等内容进行梳理，并及时传达到各区域人员（如：制作电子相册、H5 场景招聘广告、收集部门优秀案例等）；

（5）负责公司和部门制度、岗位职责、政策、工作流程的传达，及时跟进、抽查各区域推广人员的熟悉情况，做好相应的记录工作；

（6）负责收集省区人员的问题、需求，及时和上级领导汇报，涉及跨部门沟通的内容，及时和其他部门相关人员进行沟通落实；

（7）负责配合领导进行部门各项数据的整理分析工作（如：各省区销售数据、新开发、整改、休眠死亡、销售异常等）；

（8）负责区域人员费用报销的审核工作（填写合规合情合理，符合政策要求）；

（9）协助领导与“兼职销售员”或其代表沟通、抽查推广人员会议完成质量并收集建议；

（10）协助部门会议组织和开展、完成会议纪要、简报等；

（11）每日 MXK 产品知识分享；

（12）完成部门所有相关政策的流程图；

（13）负责“兼职销售员”学术推广协议的存档，随时供各部门各省区查询；

（14）负责每月 CRM 基层医院备案审核；

（15）负责返款明细及会务费的通知及保存；

（16）“兼职销售员”每月欠票的处理及跟催；

（17）部门办公用品的申请；

（18）收集部门日常的通知及附件、部门视频、图片资料和其他学习资料供大家查询和归档；

（19）部门交办的其他临时性工作。

4. 推广经理岗位职责：

（1）按照医学部当年的学术推广重点方向并结合省区实际情况，制定责任区域全年学术推广策划方案；

（2）负责责任区域增量指标和已签开发任务指标的分解、达成和协助下属完成任务指标；

（3）负责责任区域各类学术活动的执行和后续跟进评估工作，监督和审核区域所有学术活动费用；

（4）负责区域推广人员的管理：包括配合招聘，新人培养，培训计划和课件的制作、优化、讲解、评估等工作；

（5）负责区域市场环境和政策信息的收集和分析，及时提交部门；

（6）广泛收集产品和竞品信息，寻找和开拓产品的学术增长点；

（7）负责区域内各级专家资源库的建立，拟定维护计划及项目落实，定期拜访临床专家，完成专家维护和征文情况总结；

（8）配合医学部完成市场调研和各种学术合作项目等工作；

（9）部门交办的其他临时工作。

5. **推广专员岗位职责：**

（1）认真贯彻执行公司及部门制定的制度政策，按时参加公司、部门、省区的各项会议，及时填写各项报表并按时上交；

（2）制定“兼职销售员”及代表的培训计划，定期制作和优化课件，收集一线市场问题反馈上级，并及时提出合理化建议；

（3）负责区域内整改医院库和季度整改医院增量指标的达成；

（4）定期协同代表走访重点问题医院，发现不上量问题，制定整改方案，并跟进落实情况；

（5）策划和开展终端科室会或其他学术活动，并协同代表完成会后跟进上量；

（6）对重点医院的专家进行维护，跟进合作项目情况；

（7）“兼职销售员”其他日常客情维护工作，及责任区域 CRM 系统管理相关事项的处理。

（8）领导交办的其他临时工作。

二、推广部门管理制度

附表1　推广部门制度汇编（模板）

序号	项目	内容及标准	扣分标准	被检查人	检查人	记录人	备注
1	工作日常报表管理	部门所有人员按时保质上交部门要求的周报、月报、季度报、年报以及公司和部门要求其他报表（除特殊假期和请假情况除外，但必须提前和部门负责人报备）	迟交或质量不合格一次扣（　）分。**如果提醒后，两天内不补交，予绩效扣（　）分**	推广部门所有人员	推广部长	各省区助理人员	
2	部门会议管理	按公司和部门要求参加各项会议（请假情况除外，但必须提前和部门负责人报备）	1. 给予一次（　）**分扣分处理。** 2. **如果有直接领导的，给予连带扣（　）分处理**	推广部门所有人员	推广部长	各省区助理人员	
3	其他临时工作安排管理	公司或部门临时安排的各项工作，按时保质提交回馈。（请假情况除外，但必须提前和部门负责人报备）	迟交或质量不合格一次扣（　）分。**如果提醒后，两天内不补交，予绩效扣（　）分**	推广部门所有人员	推广部长	省区助理人员	

续附表 1

序号	项目	内容及标准	扣分标准	被检查人	检查人	记录人	备注
4	费用管理	公司和部门要求提交的各项费用报表，按时保质上交。（特殊情况提前和部门负责人报备，理由得当，可以予以不扣绩效处理）	1. 费用报销填写不合规，报销人扣绩效（　）分/次。上级审核人有连带责扣（　）分/次绩效。 2. **若区域人员恶意侵占公司费用，按公司规定执行（辞退处理）**	推广部门所有人员	推广部长	省区助理人员	

备注：可以根据企业自身情况进行调整优化，但一定要有报表管理、会议管理、临时工作安排、费用管理四方面的制度要求。

三、学术推广费用申报标准

附表 2　推广费用申报标准（模板）

活动类型	活动人数	报销标准	费用项目	申请流程	报销标准及要求
科会（基层）	（　）人以上	（　）元/场以下，每人（　）元预估，可根据市场具体情况进行调配	礼品或餐饮	申请人－省区/大区－推广部长	小型学术活动申请单、学术会议签到表、小型学术活动总结表、发票及报销单
科会（等级）	（　）人以上	（　）元/场以下，每人（　）元以下核算	礼品或餐饮	申请人－省区/大区－推广部长	小型学术活动申请单、学术会议签到表、小型学术活动总结表、发票及报销单
主导综合性学术会议（病例研讨、沙龙等）	（　）人以上	（　）元/参会人数进行核算	会场费、礼品餐饮	申请人－省区/大区－推广部长	大型学术活动策划案、大型学术活动申请表、学术会议签到表、大型学术活动总结表、发票及报销单
参与综合性学术会议	（　）人以上	小型学会活动（地市级）参与给予（　）元/场以下，中大型学会活动（省级）的参与给予（　）元/场以下	讲师费（　）元以下，赞助、场地使用、礼品等杂费（　）元以下	申请人－省区/大区－推广部长	大型学术活动策划案、大型学术活动申请表、学术会议签到表、大型学术活动总结表、发票及报销单

续附表 2

活动类型	活动人数	报销标准	费用项目	申请流程	报销标准及要求
代表培训会（小型）	（ ）人以上	（ ）元/场以下	礼品或餐饮	申请人－省区/大区－推广部长	代表培训申请单、代表培训签到表、发票及报销单
代表培训会（中、大型）	20 人以上	（ ）元以下/参会人数核算	会场、礼品和餐饮。	申请人－省区/大区－推广部长	代表培训申请单、代表培训签到表、考试成绩单汇总、发票及报销单
专家维护费	根据区域专家名单情况自行确定	（ ）元一下/专家/次，每位推广人员每月申请此项费用不得多于（ ）次	礼品或餐饮	申请人－省区/大区－推广部长	专家维护申请单、专家维护总结表、发票及报销单

备注：以上模板仅供参考，可根据实际情况予以调整。

四、推广部绩效考核表

附表 3　推广经理绩效考核表（模板）

关键指标任务项	考核标准	权重（%）	实际完成情况	评估人	上级评分
责任区域任务指标	区域（整改医院库）任务量__盒，实际达成量__盒，完成比率 = 实际完成量 ÷ 目标任务量 ×100%。 此项最高得分为 80 分	40%	完成率__%		
季度整改医院增量指标	季度目标医院任务量__盒，实际达成量__盒，完成比率 = 实际完成量 ÷ 目标任务量 ×100%。 若整改医院达标率低于 50%，给予绩效扣 5 分处理。若整改医院达标率低于 30%，给予绩效扣 10 分处理	30%	完成率__%		
小型推广会议达成指标	计划完成会议__场，实际完成__场。完成比率 = 实际完成数 ÷ 计划完成数 ×100%，其中科会和代表培训可拉通核算。如果会后销量指标达成 100% 以上（详见专员月计划表），则此项给予加分 10 分，此项最高得分为 30 分	20%	完成率__%		

续附表3

关键指标任务项	考核标准	权重（%）	实际完成情况	评估人	上级评分
团队管理日常管理指标	1. 下属报表的签批情况（不认真和不及时每次扣1分） 2. 下属各项考试的通过情况（下属员工没有通过一次扣1分） 3. 360度考评情况（下属和省区对其工作的成效评估，此项给予其－5分到＋5分不等，根据评估表得分计算），此项最高得分15分。	10%	实得__分		
其他加分项	1. 省区内开展其他类型推广会议（其他综合性学术活动，包含大型代表培训会给予每场绩效加5分），必须按部门要求按时保质提供相关后续报表才予以核算。 2. 对市场或公司产生重大贡献，给公司提出合理化建议并予以采用，经公司审批核实后可以给予0～20分不等的加分奖励	0～20分	加__分		

备注：以上模板仅供参考，可根据实际情况予以调整，建议推广经理要有区域销量成效指标、整改医院指标、会议指标、团队管理指标四个方面。

附表4　推广专员绩效考核（模板）

关键指标任务项	考核标准	权重（%）	实际完成情况	评估人	上级评分
区域任务指标	区域任务量__盒，实际达成量__盒，完成比率＝实际完成量÷目标任务量×100%	40%	完成率__%		
整改医院指标	目标医院任务量__盒，实际达成量__盒，完成比率＝实际完成量÷目标任务量×100%	30%	完成率__%		
小型推广会议达成指标	计划完成会议__场，实际完成__场。完成比率＝实际完成数÷计划完成数×100%，其中科会和代表培训也可拉通核算	30%	完成率__%		

续附表 4

关键指标任务项	考核标准	权重（%）	实际完成情况	评估人	上级评分
其他加分项	1. 开展大型推广活动（包含大型代表培训会、综合性学术活动、参与性综合活动）并完成所有的审核、报销、记录工作，给予组织者 5 分/场的加分奖励。（其他参与者给予 2 分/场的加分奖励） 2. 对市场或公司/部门产生重大贡献、推广工作有突出试点表现，提出合理化建议并予以采用，经部门审批核实后可以给予 0 ~ 20 分不等的加分奖励	0 ~ 20 分	加__分		

备注：以上模板仅供参考，可根据实际情况予以调整，建议推广经理要有区域销量成效指标、整改医院指标、会议指标三个方面。

五、推广部日常管理相关报表

附表5　周总结计划表（模板）

<table>
<tr><td rowspan="10">本周工作总结
（年/月/日－年/月/日）</td><td>序号</td><td>已达成计划事项</td><td>序号</td><td>未达成计划事项
及原因阐述</td></tr>
<tr><td>1</td><td></td><td>1</td><td></td></tr>
<tr><td>2</td><td></td><td>2</td><td></td></tr>
<tr><td>3</td><td></td><td>3</td><td></td></tr>
<tr><td>4</td><td></td><td>4</td><td></td></tr>
<tr><td>5</td><td></td><td>5</td><td></td></tr>
<tr><td>序号</td><td>工作中存在的问题及方法</td><td>序号</td><td>需要的支持</td></tr>
<tr><td>1</td><td></td><td>1</td><td></td></tr>
<tr><td>2</td><td></td><td>2</td><td></td></tr>
<tr><td>3</td><td></td><td>3</td><td></td></tr>
<tr><td rowspan="10">下周工作计划
（年/月/日－年/月/日）</td><td>日期</td><td>工作行程安排</td><td colspan="2">预期目标</td></tr>
<tr><td>星期一</td><td></td><td colspan="2"></td></tr>
<tr><td>星期二</td><td></td><td colspan="2"></td></tr>
<tr><td>星期三</td><td></td><td colspan="2"></td></tr>
<tr><td>星期四</td><td></td><td colspan="2"></td></tr>
<tr><td>星期五</td><td></td><td colspan="2"></td></tr>
<tr><td>重点跟进终端</td><td colspan="3"></td></tr>
<tr><td>代表培训会计划</td><td colspan="3"></td></tr>
<tr><td>学术会议计划</td><td colspan="3"></td></tr>
<tr><td>专家维护计划</td><td colspan="3"></td></tr>
</table>

2. 各项活动总结表：

附表 6　代表培训活动总结表（模板）

<table>
<tr><td colspan="2">区域</td><td></td><td>活动时间</td><td></td></tr>
<tr><td colspan="2">活动地点</td><td colspan="3"></td></tr>
<tr><td colspan="2">兼职销售员</td><td></td><td>讲者</td><td></td></tr>
<tr><td colspan="2">批准费用</td><td></td><td>实际费用合计</td><td></td></tr>
<tr><td rowspan="2">费用使用明细</td><td>礼品费</td><td></td><td>餐费</td><td></td></tr>
<tr><td>交通费用</td><td></td><td>其他费用</td><td></td></tr>
<tr><td colspan="2">拟邀请人数</td><td></td><td>实际到会人数</td><td></td></tr>
<tr><td colspan="5">代表培训后反馈问题及解答：</td></tr>
<tr><td colspan="5">结果及评价阐述（活动负责人）：</td></tr>
<tr><td colspan="2">报销人</td><td></td><td>区域主管</td><td></td></tr>
<tr><td colspan="2">省区经理</td><td></td><td>部门负责人</td><td></td></tr>
</table>

附表 7　小型学术活动总结表（模板）

<table>
<tr><td colspan="2">区域</td><td></td><td>活动时间</td><td></td></tr>
<tr><td colspan="2">活动名称（医院/科室）</td><td colspan="3"></td></tr>
<tr><td colspan="2">活动负责人</td><td></td><td>公司参加人员</td><td></td></tr>
<tr><td colspan="2">批准费用</td><td></td><td>实际费用合计</td><td></td></tr>
<tr><td rowspan="2">费用使用明细</td><td>主持/讲课费</td><td></td><td>会务费</td><td></td></tr>
<tr><td>交通费用</td><td></td><td>其他费用</td><td></td></tr>
<tr><td colspan="2">科会后销量</td><td></td><td>科会后医生数量</td><td></td></tr>
<tr><td colspan="2">拟邀请人数</td><td></td><td>实际到会人数</td><td></td></tr>
</table>

续附表 7

<table>
<tr><td colspan="4">活动过程描述及后续跟进计划（临床代表）：</td></tr>
<tr><td colspan="4">结果及评价（区域主管/省区负责人）：</td></tr>
<tr><td colspan="4">结果及评价（推广专员）：</td></tr>
<tr><td>报销人</td><td></td><td>区域主管</td><td></td></tr>
<tr><td>省区经理</td><td></td><td>部门负责人</td><td></td></tr>
</table>

附表 8　大型学术活动总结表（模板）

<table>
<tr><td colspan="2">区域</td><td></td><td>活动时间</td><td></td></tr>
<tr><td colspan="2">活动名称（医院/科室）</td><td colspan="3"></td></tr>
<tr><td colspan="2">活动负责人</td><td></td><td>公司参加人员</td><td></td></tr>
<tr><td colspan="2">批准费用</td><td></td><td>实际费用合计</td><td></td></tr>
<tr><td rowspan="2">费用使用明细</td><td>主持/讲课费</td><td></td><td>会务费</td><td></td></tr>
<tr><td>交通费用</td><td></td><td>其他费用</td><td></td></tr>
<tr><td colspan="2">会后专家维护名单</td><td></td><td>会后区域
预计增量</td><td></td></tr>
<tr><td colspan="2">拟邀请人数</td><td></td><td>实际到会人数</td><td></td></tr>
<tr><td colspan="5">活动过程描述及后续跟进计划（推广人员填写）：
第一周：　事项：　目标：
第二周：　事项：　目标：
第三周：　事项：　目标：
第四周：　事项：　目标：</td></tr>
<tr><td colspan="5">结果及评价（省区/区域主管填写）：</td></tr>
<tr><td colspan="2">报销人</td><td></td><td>区域主管</td><td></td></tr>
<tr><td colspan="2">部门负责人</td><td></td><td>其他上级领导</td><td></td></tr>
</table>

推荐作者得新书！

博瑞森征稿启事

亲爱的读者朋友：

感谢您选择了博瑞森图书！希望您手中的这本书能给您带来实实在在的帮助！

博瑞森一直致力于发掘好作者、好内容，希望能把您最需要的思想、方法，一字一句地交到您手中，成为管理知识与管理实践的桥梁。

但是我们也知道，有很多深入企业一线、经验丰富、乐于分享的优秀专家，或者忙于实战没时间，或者缺少专业的写作指导和便捷的出版途径，只能茫然以待……

还有很多在竞争大潮中坚守的企业，有着异常宝贵的实践经验和独特的洞察，但缺少专业的记录和整理者，无法让企业的经验和故事被更多的人了解、学习……

对读者而言，这些都太遗憾了！

博瑞森非常希望能将这些埋藏的"宝藏"发掘出来，贡献给广大读者，让更多的人从中受益。

所以，我们真心地邀请您，我们的老读者，帮我们搜寻：

推荐作者

可以是您自己或您的朋友，只要对本土管理有实践、有思考；可以是您通过网络、杂志、书籍或其他途径了解的某位专家，不管名气大小，只要他的思想和方法曾让您深受启发。

可以是管理类作品，也可以超出管理，各类优秀的社科作品或学术作品。

推荐企业

可以是您自己所在的企业，或者是您熟悉的某家企业，其创业过程、运营经历、产品研发、机制创新，等等。无论企业大小，只要乐于分享、有值得借鉴书写之处。

总之，好内容就是一切！

博瑞森绝非"自费出书"，出版费用完全由我们承担。您推荐的作者或企业案例一经采用，我们会立刻向您赠送书币 1000 元，可直接换取任何博瑞森图书的纸书或电子书。

感谢您对本土管理原创、博瑞森图书的支持！

推荐投稿邮箱：bookgood@126. com　　推荐手机：13611149991

1120 本土管理实践与创新论坛

这是由100多位本土管理专家联合创立的企业管理实践学术交流组织，旨在孵化本土管理思想、促进企业管理实践、加强专家间交流与协作。

论坛每年集中力量办好两件大事：第一，“**出一本书**”，汇聚一年的思考和实践，把最原创、最前沿、最实战的内容集结成册，贡献给读者；第二，“**办一次会**”，每年11月20日本土管理专家们汇聚一堂，碰撞思想、研讨案例、交流切磋、回馈社会。

论坛理事名单（以年龄为序，以示传承之意）

企业案例・老板传记

类别	书名．作者	内容/特色	读者价值
企业案例・老板传记	**你不知道的加多宝：原市场部高管讲述** 曲宗恺　牛玮娜　著	前加多宝高管解读加多宝	全景式解读，原汁原味
企业案例・老板传记	**借力咨询：德邦成长背后的秘密** 官同良　王祥伍　著	讲述德邦是如何借助咨询公司的力量进行自身与发展的	来自德邦内部的第一线资料，真实、珍贵，令人受益匪浅
企业案例・老板传记	**娃哈哈区域标杆：豫北市场营销实录** 罗宏文　赵晓萌　等著	本书从区域的角度来写娃哈哈河南分公司豫北市场是怎么进行区域市场营销，成为娃哈哈全国第一大市场、全国增量第一高市场的一些操作方法	参考性、指导性，一线真实资料
企业案例・老板传记	**六个核桃凭什么：从0过100亿** 张学军　著	首部全面揭秘养元六个核桃裂变式成长的巨著	学习优秀企业的成长路径，了解其背后的理论体系
企业案例・老板传记	**像六个核桃一样：打造畅销品的36个简明法则** 王　超　范　萍　著	本书分上下两篇：包括“六个核桃”的营销战略历程和36条畅销法则	知名企业的战略历程极具参考价值，36条法则提供操作方法
企业案例・老板传记	**解决方案营销实战案例** 刘祖轲　著	用10个真案例讲明白什么是工业品的解决方案式营销，实战、实用	有干货、真正操作过的才能写得出来
企业案例・老板传记	**招招见销量的营销常识** 刘文新　著	如何让每一个营销动作都直指销量	适合中小企业，看了就能用
企业案例・老板传记	**我们的营销真案例** 联纵智达研究院　著	五芳斋粽子从区域到全国/诺贝尔瓷砖门店销量提升/利豪家具出口转内销/汤臣倍健的营销模式	选择的案例都很有代表性，实在、实操！
企业案例・老板传记	**中国营销战实录：令人拍案叫绝的营销真案例** 联纵智达　著	51个案例，42家企业，38万字，18年，累计2000余人次参与……	最真实的营销案例，全是一线记录，开阔眼界
企业案例・老板传记	**双剑破局：沈坤营销策划案例集** 沈　坤　著	双剑公司多年来的精选案例解析集，阐述了项目策划中每一个营销策略的诞生过程，策划角度和方法	一线真实案例，与众不同的策划角度令人拍案叫绝、受益匪浅
企业案例・老板传记	**宗：一位制造业企业家的思考** 杨　涛　著	1993年创业，引领企业平稳发展20多年，分享独到的心得体会	难得的一本老板分享经验的书
企业案例・老板传记	**简单思考：AMT咨询创始人自述** 孔祥云　著	著名咨询公司（AMT）的CEO创业历程中点点滴滴的经验与思考	每一位咨询人，每一位创业者和管理经营者，都值得一读
企业案例・老板传记	**边干边学做老板** 黄中强　著	创业20多年的老板，有经验、能写、又愿意分享，这样的书很少	处处共鸣，帮助中小企业老板少走弯路
企业案例・老板传记	**三四线城市超市如何快速成长：解密甘雨亭** IBMG国际商业管理集团　著	国内外标杆企业的经验＋本土实践量化数据＋操作步骤、方法	通俗易懂，行业经验丰富，宝贵的行业量化数据，关键思路和步骤
企业案例・老板传记	**中国首家未来超市：解密安徽乐城** IBMG国际商业管理集团　著	本书深入挖掘了安徽乐城超市的试验案例，为零售企业未来的发展提供了一条可借鉴之路	通俗易懂，行业经验丰富，宝贵的行业量化数据，关键思路和步骤
互联网＋	**新营销** 刘春雄　著	新营销的新框架体系是场景是产品逻辑，IP是品牌逻辑，社群是连接逻辑，传播是营销逻辑	助力品牌商实现由传统营销到新营销的理念和行动的跨越，助力企业打赢升级转型之仗
互联网＋	**企业微信营销全指导** 孙　巍　著	专门给企业看到的微信营销书，手把手教企业从小白到微信营销专家	企业想学微信营销现在还不晚，两眼一抹黑也不怕，有这本书就够
互联网＋	**企业网络营销这样做才对：B2B　大宗B2C** 张　进　著	简单直白拿来就用，各种窍门信手拈来，企业网络营销不麻烦也不用再头疼，一般人不告诉他	B2B、大宗B2C企业有福了，看了就能学会网络营销

续表

互联网 +			
	书名．作者	内容/特色	读者价值
互联网+	**互联网时代的银行转型** 韩友诚　著	以大量案例形式为读者全面展示和分析了银行的互联网金融转型应对之道	结合本土银行转型发展案例的书籍
	正在发生的转型升级·实践 本土管理实践与创新论坛　著	企业在快速变革期所展现出的管理变革新成果、新方法、新案例	重点突出对于未来企业管理相关领域的趋势研判
	触发需求：互联网新营销样本·水产 何足奇　著	传统产业都在苦闷中挣扎前行，本书通过鲜活的案例告诉你如何以需求链整合供应链，从而把大家熟知的传统行业打碎了重构、重做一遍	全是干货，值得细读学习，并且作者的理论已经经过了他亲自操刀的实践检验，效果惊人，就在书中全景展示
	移动互联新玩法：未来商业的格局和趋势 史贤龙　著	传统商业、电商、移动互联，三个世界并存，这种新格局的玩法一定要懂	看清热点的本质，把握行业先机，一本书搞定移动互联网
	微商生意经：真实再现 33 个成功案例操作全程 伏泓霖　罗晓慧　著	本书为 33 个真实案例，分享案例主人公在做微商过程中的经验教训	案例真实，有借鉴意义
	阿里巴巴实战运营——14 招玩转诚信通 聂志新　著	本书主要介绍阿里巴巴诚信通的十四个基本推广操作，从而帮助使用诚信通的用户及企业更好地提升业绩	基本操作，很多可以边学边用，简单易学
	互联网精准营销：创造爆发式的商业价值 蒋　军　著	怎么在互联网时代整体策划、包装品牌和产品，并在此基础上为企业设计商业模式，技术实现并运营落地	为有基础的小微企业（大企业的新项目）1 年实现销售额过亿，2 年对接资本，3 年左右准 IPO
	今后这样做品牌：移动互联时代的品牌营销策略 蒋　军　著	与移动互联紧密结合，告诉你老方法还能不能用，新方法怎么用	今后这样做品牌就对了
	互联网＋"变"与"不变"：本土管理实践与创新论坛集萃·2016 本土管理实践与创新论坛　著	本土管理领域正在产生自己独特的理论和模式，尤其在移动互联时代，有很多新课题需要本土专家们一起研究	帮助读者拓宽眼界、突破思维
	创造增量市场：传统企业互联网转型之道 刘红明　著	传统企业需要用互联网思维去创造增量，而不是用电子商务去转移传统业务的存量	教你怎么在"互联网＋"的海洋中创造实实在在的增量
	重生战略：移动互联网和大数据时代的转型法则 沈　拓　著	在移动互联网和大数据时代，传统企业转型如同生命体打算与再造，称之为"重生战略"	帮助企业认清移动互联网环境下的变化和应对之道
	画出公司的互联网进化路线图：用互联网思维重塑产品、客户和价值 李　蓓　著	18 个问题帮助企业一步步梳理出互联网转型思路	思路清晰、案例丰富，非常有启发性
	7 个转变，让公司 3 年胜出 李　蓓　著	消费者主权时代，企业该怎么办	这就是互联网思维，老板有能这样想，肯定倒不了
	跳出同质思维，从跟随到领先 郭　剑　著	66 个精彩案例剖析，帮助老板突破行业长期思维惯性	做企业竟然有这么多玩法，开眼界

续表

行业类：零售、白酒、食品/快消品、农业、医药、建材家居等			
书名．作者		内容/特色	读者价值
零售·超市·餐饮·服装	**总部有多强大，门店就能走多远** IBMG 国际商业管理集团　著	如何把总部做强，成为门店的坚实后盾	了解总部建设的方法与经验
	超市卖场定价策略与品类管理 IBMG 国际商业管理集团　著	超市定价策略与品类管理实操案例和方法	拿来就能用的理论和工具
	连锁零售企业招聘与培训破解之道 IBMG 国际商业管理集团　著	围绕零售企业组织架构、培训体系建设等内容进行深刻探讨	破解人才发现和培养瓶颈的关键点
	中国首家未来超市：解密安徽乐城 IBMG 国际商业管理集团　著	介绍了乐城作为中国首家未来超市从无到有的传奇经历	了解新型零售超市的运作方式及管理特色
	三四线城市超市如何快速成长：解密甘雨亭 IBMG 国际商业管理集团　著	揭秘一家三四线连锁超市的经验策略	不但可以欣赏它的优点，而且可以学会它成功的方法
	涨价也能卖到翻 村松达夫　【日】	提升客单价的 15 种实用、有效的方法	日本企业在这方面非常值得学习和借鉴
	移动互联下的超市升级 联商网专栏频道　著	深度解析超市转型升级重点	帮助零售企业把握全局、看清方向
	手把手教你做专业督导：专卖店、连锁店 熊亚柱　著	从督导的职能、作用，在工作中需要的专业技能、方法，都提供了详细的解读和训练办法，同时附有大量的表单工具	无论是店铺需要统一培训，还是个人想成为优秀的督导，有这一本就够了
	百货零售全渠道营销策略 陈继展　著	没有照本宣科、说教式的絮叨，只有笔者对行业的认知与理解，庖丁解牛式的逐项解析、展开	通俗易懂，花极少的时间快速掌握该领域的知识及趋势
	零售：把客流变成购买力 丁　昀　著	如何通过不断升级产品和体验式服务来经营客流	如何进行体验营销，国外的好经营，这方面有启发
	餐饮企业经营策略第一书 吴　坚　著	分别从产品、顾客、市场、盈利模式等几个方面，对现阶段餐饮企业的发展提出策略和思路	第一本专业的、高端的餐饮企业经营指导书
	电影院的下一个黄金十年：开发·差异化·案例 李保煜　著	对目前电影院市场存大的问题及如何解决进行了探讨与解读	多角度了解电影院运营方式及代表性案例
	赚不赚钱靠店长：从懂管理到会经营 孙彩军　著	通过生动的案例来进行剖析，注重门店管理细节方面的能力提升	帮助终端门店店长在管理门店的过程中实现经营思路的拓展与突破
耐消品	**商用车经销商运营实战** 杜建君　王朝阳　章晓青　等著	从管理到经营，从销售到服务，系统化运作全指导	为经销商经营开阔思路，掌握方法
	汽车配件这样卖：汽车后市场销售秘诀 100 条 俞士耀　著	汽配销售业务员必读，手把手教授最实用的方法，轻松得来好业绩	快速上岗，专业实效，业绩无忧
	跟行业老手学经销商开发与管理：家电、耐消品、建材家居 黄润霖　著	全部来源于经销商管理的一线问题，作者用丰富的经验将每一个问题落实到最便捷快速的操作方法上去	书中每一个问题都是普通营销人亲口提出的，这些问题你也会遇到，作者进行的解答则精彩实用

续表

白酒	**酒水饮料快消品餐饮渠道营销手册** 朱伟杰　著	主要针对快消品(酒水、饮料)的餐饮渠道,提供了区域、商圈、不同业态的规划和促销安排等多种工具,并提出了经销商、批发商等相关人员的管理方法	一本酒水饮料如何在餐饮渠道销售的全能手册,内容深入翔实,可以直接照搬套用,这样的便利简直千金不换
	白酒到底如何卖 赵海永　著	以市场实战为主,多层次、全方位、多角度地阐释了白酒一线市场操作的最新模式和方法,接地气	实操性强,37 个方法、6 大案例帮你成功卖酒
	变局下的白酒企业重构 杨永华　著	帮助白酒企业从产业视角看清趋势,找准位置,实现弯道超车的书	行业内企业要减少 90%,自己在什么位置,怎么做,都清楚了
	1. 白酒营销的第一本书(升级版) **2. 白酒经销商的第一本书** 唐江华　著	华泽集团湖南开口笑公司品牌部长,擅长酒类新品推广、新市场拓展	扎根一线,实战
	区域型白酒企业营销必胜法则 朱志明　著	为区域型白酒企业提供 35 条必胜法则,在竞争中赢销的葵花宝典	丰富的一线经验和深厚积累,实操实用
	10 步成功运作白酒区域市场 朱志明　著	白酒区域操盘者必备,掌握区域市场运作的战略、战术、兵法	在区域市场的攻伐防守中运筹帷幄,立于不败之地
	酒业转型大时代:微酒精选 2014-2015 微酒　主编	本书分为五个部分:当年大事件、那些酒业营销工具、微酒独立策划、业内大调查和十大经典案例	了解行业新动态、新观点,学习营销方法
快消品·食品	**中国快消品营销的这些年** 史贤龙　著	作者精华文章的合集,一本书浓缩了过去十五年,中国营销的实战历程与前沿思考	快消品营销行业的案例和方法都原汁原味呈现,在反映当时风貌的同时,展望与反思
	营销中国茶:2 小时读懂茶叶营销 史贤龙　著	从不同视角对中国的茶营销进行了思考,内容涉及中国茶产业战略困境、茶企规模化、茶品牌崛起、茶文化、茶营销、茶消费、茶零售、茶道等	内容丰富扎实,文字流畅,浓缩的都是精华,让你 2 小时读懂茶叶营销
	这样打造快消品标杆市场 罗宏文　著	帮助你解决如何成功打造标杆市场和进行持续增量管理两大问题	一套系统的方法论,通俗易懂,可以直接套用
	5 小时读懂快消品营销:中国快消品案例观察 陈海超　著	多年营销经验的一线老手把案例掰开了、揉碎了,从中得出的各种手段和方法给读者以帮助和启发	营销那些事儿的个中秘辛,求人还不一定告诉你,这本书里就有
	快消品招商的第一本书:从入门到精通 刘　雷　著	深入浅出,不说废话,有工具方法,通俗易懂	让零基础的招商新人快速学习书中最实用的招商技能,成长为骨干人才
	乳业营销第一书 侯军伟　著	对区域乳品企业生存发展关键性问题的梳理	唯一的区域乳业营销书,区域乳品企业一定要看
	食用油营销第一书 余　盛　著	10 多年油脂企业工作经验,从行业到具体实操	食用油行业第一书,当之无愧
	中国茶叶营销第一书 柏　龑　著	如何跳出茶行业"大文化小产业"的困境,作者给出了自己的观察和思考	不是传统做茶的思路,而是现在商业做茶的思路
	调味品营销第一书 陈小龙　著	国内唯一一本调味品营销的书	唯一的调味品营销的书,调味品的从业者一定要看
	快消品营销人的第一本书:从入门到精通 刘　雷　伯建新　著	快消行业必读书,从入门到专业	深入细致,易学易懂
	变局下的快消品营销实战策略 杨永华　著	通胀了,成本增加,如何从被动应战变成主动的"系统战"	作者对快消品行业非常熟悉、非常实战

续表

快消品·食品	快消品经销商如何快速做大 杨永华　著	本书完全从实战的角度，评述现象，解析误区，揭示原理，传授方法	为转型期的经销商提供了解决思路，指出了发展方向
	一位销售经理的工作心得 蒋　军　著	一线营销管理人员想提升业绩却无从下手时，可以看看这本书	一线的真实感悟
	快消品营销：一位销售经理的工作心得2 蒋　军　著	快消品、食品饮料营销的经验之谈，重点图书	来源与实战的精华总结
	快消品营销与渠道管理 谭长春　著	将快消品标杆企业渠道管理的经验和方法分享出来	可口可乐、华润的一些具体的渠道管理经验，实战
	成为优秀的快消品区域经理（升级版） 伯建新　著	用"怎么办"分析区域经理的工作关键点，增加30%全新内容，更贴近环境变化	可以作为区域经理的"速成催化器"
	销售轨迹：一位快消品营销总监的拼搏之路 秦国伟　著	本书讲述了一个普通销售员打拼成为跨国企业营销总监的真实奋斗历程	激励人心，给广大销售员以力量和鼓舞
	快消老手都在这样做：区域经理操盘锦囊 方　刚　著	非常接地气，全是多年沉淀下来的干货，丰富的一线经验和实操方法不可多得	在市场摸爬滚打的"老油条"，那些独家绝招妙招一般你问都是问不来的
	动销四维：全程辅导与新品上市 高继中　著	从产品、渠道、促销和新品上市详细讲解提高动销的具体方法，总结作者18年的快消品行业经验，方法实操	内容全面系统，方法实操
农业	新农资如何换道超车 刘祖轲　等著	从农业产业化、互联网转型、行业营销与经营突破四个方面阐述如何让农资企业占领先机、提前布局	南方略专家告诉你如何应对资源浪费、生产效率低下、产能严重过剩、价格与价值严重扭曲等
	中国牧场管理实战：畜牧业、乳业必读 黄剑黎　著	本书不仅提供了来自一线的实际经验，还收入了丰富的工具文档与表单	填补空白的行业必读作品
	中小农业企业品牌战法 韩　旭　著	将中小农业企业品牌建设的方法，从理论讲到实践，具有指导性	全面把握品牌规划，传播推广，落地执行的具体措施
	农资营销实战全指导 张　博　著	农资如何向"深度营销"转型，从理论到实践进行系统剖析，经验资深	朴实、使用！不可多得的农资营销实战指导
	农产品营销第一书 胡浪球　著	从农业企业战略到市场开拓、营销、品牌、模式等	来源于实践中的思考，有启发
	变局下的农牧企业9大成长策略 彭志雄　著	食品安全、纵向延伸、横向联合、品牌建设……	唯一的农牧企业经营实操的书，农牧企业一定要看
医药	在中国，医药营销这样做：时代方略精选文集 段继东　主编	专注于医药营销咨询15年，将医药营销方法的精华文章合编，深入全面	可谓医药营销领域的顶尖著作，医药界读者的必读书
	医药新营销：制药企业、医药商业企业营销模式转型 史立臣　著	医药生产企业和商业企业在新环境下如何做营销？老方法还有没有用？如何寻找新方法？新方法怎么用？本书给你答案	内容非常现实接地气，踏实谈问题说方法
	医药企业转型升级战略 史立臣　著	药企转型升级有5大途径，并给出落地步骤及风险控制方法	实操性强，有作者个人经验总结及分析
	新医改下的医药营销与团队管理 史立臣　著	探讨新医改对医药行业的系列影响和医药团队管理	帮助理清思路，有一个框架
	医药营销与处方药学术推广 马宝琳　著	如何用医学策划把"平民产品"变成"明星产品"	有真货、讲真话的作者，堪称处方药营销的经典！
	医药行业大洗牌与药企创新 林延君　沈　斌　著	一方面，围绕着变革，多角度阐述药企的应对之道；另一方面，紧扣实践，介绍近百家医药企业创新实践案例	医改变革10年，医药企业如何应对大洗牌？重磅出击的药企人必读书
	新医改了，药店就要这样开 尚　锋　著	药店经营、管理、营销全攻略	有很强的实战性和可操作性

续表

医药	**电商来了,实体药店如何突围** 尚　锋　著	电商崛起,药店该如何突围?本书从促销、会员服务、专业性、客单价等多重角度给出了指导方向	实战攻略,拿来就能用
	OTC 医药代表药店销售 36 计 鄢圣安　著	以《三十六计》为线,写 OTC 医药代表向药店销售的一些技巧与策略	案例丰富,生动真实,实操性强
	OTC 医药代表药店开发与维护 鄢圣安　著	要做到一名专业的医药代表,需要做什么、准备什么、知识储备、操作技巧等	医药代表药店拜访的指导手册,手把手教你快速上手
	引爆药店成交率 1:店员导购实战 范月明　著	一本书解决药店导购所有难题	情景化、真实化、实战化
	引爆药店成交率 2:经营落地实战 范月明　著	最接地气的经营方法全指导	揭示了药店经营的几类关键问题
	引爆药店成交率:专业化销售解决方案 范月明　著	药品搭配分析与关联销售	为药店人专业化助力
	处方药零售这样做 田　军　著	阐述了处方药零售的重要性,以及做处方药零售市场的具体措施和方法	系统性了解和掌握处方药零售方法
建材家居	**成为最赚钱的家具建材经销商** 李治江　著	从销售模式、产品、门店等老板们最关注和最需要的方面解决问题、提供方法	只要你是建材、家具、家居用品的经销商老板,这就是一本必读的书
	家具行业操盘手 王献永　著	家具行业问题的终结者	解决了干家具还有没有前途?为什么同城多店的家具经销商很难做大做强等问题
	建材家居营销:除了促销还能做什么 孙嘉晖　著	一线老手的深度思考,告诉你在建材家居营销模式基本停滞的今天,除了促销,营销还能怎么做	给你的想法一场革命
	建材家居营销实务 程绍珊　杨鸿贵　主编	价值营销运用到建材家居,每一步都让客户增值	有自己的系统、实战
	家居建材门店 6 力爆破 贾同领　著	合盘道出一线品牌销量秘籍	6 力招招见血,既有招数,又有策略
	建材家居门店销量提升 贾同领　著	店面选址、广告投放、推广助销、空间布局、生动展示、店面运营等	门店销量提升是一个系统工程,非常系统、实战
	10 步成为最棒的建材家居门店店长 徐伟泽　著	实际方法易学易用,让员工能够迅速成长,成为独当一面的好店长	只要坚持这样干,一定能成为好店长
	手把手帮建材家居导购业绩倍增:成为顶尖的门店店员 熊亚柱　著	生动的表现形式,让普通人也能成为优秀的导购员,让门店业绩长红	读着有趣,用着简单,一本在手、业绩无忧
	建材家居经销商实战 42 章经 王庆云　著	告诉经销商:老板怎么当、团队怎么带、生意怎么做	忠言逆耳,看着不舒服就对了,实战总结,用一招半式就值了
工业品	**销售是门专业活:B2B 、工业品** 陆和平　著	销售流程就应该跟着客户的采购流程和关注点的变化向前推进,将一个完整的销售过程分成十个阶段,提供具体方法	销售不是请客吃饭拉关系,是个专业的活计!方法在手,走遍天下不愁
	解决方案营销实战案例 刘祖轲　著	用 10 个真案例讲明白什么是工业品的解决方案式营销,实战、实用	有干货、真正操作过的才能写得出来
	变局下的工业品企业 7 大机遇 叶敦明　著	产业链条的整合机会、盈利模式的复制机会、营销红利的机会、工业服务商转型机会……	工业品企业还可以这样做,思维大突破
	工业品市场部实战全指导 杜　忠　著	工业品市场部经理工作内容全指导	系统、全面、有理论、有方法,帮助工业品市场部经理更快提升专业能力

续表

工业品	**工业品营销管理实务** 李洪道　著	中国特色工业品营销体系的全面深化、工业品营销管理体系优化升级	工具更实战，案例更鲜活，内容更深化
	工业品企业如何做品牌 张东利　著	为工业品企业提供最全面的品牌建设思路	有策略、有方法、有思路、有工具
	丁兴良讲工业 4.0 丁兴良　著	没有枯燥的理论和说教，用朴实直白的语言告诉你工业 4.0 的全貌	工业 4.0 是什么？本书告诉你答案
	资深大客户经理：策略准，执行狠 叶敦明　著	从业务开发、发起攻势、关系培育、职业成长四个方面，详述了大客户营销的精髓	满满的全是干货
	一切为了订单：订单驱动下的工业品营销实战 唐道明　著	其实，所有的企业都在围绕着两个字在开展全部的经营和管理工作，那就是"订单"	开发订单、满足订单、扩大订单。本书全是实操方法，字字珠玑、句句干货，教你获得营销的胜利
金融	**交易心理分析** (美)马克·道格拉斯　著 刘真如　译	作者一语道破赢家的思考方式，并提供了具体的训练方法	不愧是投资心理的第一书，绝对经典
	精品银行管理之道 崔海鹏　何　屹　主编	中小银行转型的实战经验总结	中小银行的教材很多，实战类的书很少，可以看看
	支付战争 Eric M. Jackson　著 徐　彬　王　晓　译	PayPal 创业期营销官，亲身讲述 PayPal 从诞生到壮大到成功出售的整个历史	激烈、有趣的内幕商战故事！了解美国支付市场的风云巨变
	中外并购名著专业阅读指南 叶兴平　等著	在 5000 多本并购类图书中精选的 200 著作，在阅读的基础上写的读书评价	精挑细选 200 本并一一评介，省去读者挑选的烦恼，快捷、高效
	互联网时代的银行转型 韩友诚　著	以大量案例形式为读者全面展示和分析了银行的互联网金融转型应对之道	结合本土银行转型发展案例的书籍
房地产	**产业园区/产业地产规划、招商、运营实战** 阎立忠　著	目前中国第一本系统解读产业园区和产业地产建设运营的实战宝典	从认知、策划、招商到运营全面了解地产策划
	人文商业地产策划 戴欣明　著	城市与商业地产战略定位的关键是不可复制性，要发现独一无二的"味道"	突破千城一面的策划困局
	电影院的下一个黄金十年：开发·差异化·案例 李保煜　著	对目前电影院市场存大的问题及如何解决进行了探讨与解读	多角度了解电影院运营方式及代表性案例
能源	**全能型班组：城市能源互联网与电力班组升级** 国网天津市电力公司　编著	借鉴国内外优秀企业的转型升级思路，通过对于新型班组组织模式和运行机制的大胆设想，力图构建充分适应内外环境变化的全能型班组	看看庞大的国企在新环境下是如何顺应时代的
	国网天津电力全能型班组建设实务 国网天津市电力公司　编著	本书聚焦于天津电力公司在探索全能型班组转型升级时的优秀实践	电力行业的班组实践，具体、可操作性强

经营类：企业如何赚钱，如何抓机会，如何突破，如何"开源"

书名．作者		内容/特色	读者价值
抓方向	**让经营回归简单．升级版** 宋新宇　著	化繁为简抓住经营本质：战略、客户、产品、员工、成长	经典，做企业就这几个关键点！
	混沌与秩序Ⅰ：变革时代企业领先之道 **混沌与秩序Ⅱ：变革时代管理新思维** 彭剑锋　尚艳玲　主编	汇集华夏基石专家团队 10 年来研究成果，集中选择了其中的精华文章编纂成册	作者都是既有深厚理论积淀又有实践经验的重磅专家，为中国企业和企业家的未来提出了高屋建瓴的观点
	活系统：跟任正非学当老板 孙行健　尹　贤　著	以任正非的独到视角，教企业老板如何经营公司	看透公司经营本质，激活企业活力

续表

抓方向	重构:快消品企业重生之道 杨永华　著	从7个角度,帮助企业实现系统性的改造	提供转型思想与方法,值得参考
	公司由小到大要过哪些坎 卢　强　著	老板手里的一张“企业成长路线图”	现在我在哪儿,未来还要走哪些路,都清楚了
	企业二次创业成功路线图 夏惊鸣　著	企业曾经抓住机会成功了,但下一步该怎么办?	企业怎样获得第二次成功,心里有个大框架了
	老板经理人双赢之道 陈　明　著	经理人怎养选平台、怎么开局,老板怎样选/育/用/留	老板生闷气,经理人牢骚大,这次知道该怎么办了
	简单思考:AMT 咨询创始人自述 孔祥云　著	著名咨询公司(AMT)的 CEO 创业历程中点点滴滴的经验与思考	每一位咨询人,每一位创业者和管理经营者,都值得一读
	企业文化的逻辑 王祥伍　黄健江　著	为什么企业绩效如此不同,解开绩效背后的文化密码	少有的深刻,有品质,读起来很流畅
	使命驱动企业成长 高可为　著	钱能让一个人今天努力,使命能让一群人长期努力	对于想做事业的人,‘使命’是绕不过去的
思维突破	盈利原本就这么简单 高可为　著	从财务的角度揭示企业盈利的秘密	多方面解读商业模式与盈利的关系,通俗易懂,受益匪浅
	移动互联新玩法:未来商业的格局和趋势 史贤龙　著	传统商业、电商、移动互联,三个世界并存,这种新格局的玩法一定要懂	看清热点的本质,把握行业先机,一本书搞定移动互联网
	画出公司的互联网进化路线图:用互联网思维重塑产品、客户和价值 李　蓓　著	18个问题帮助企业一步步梳理出互联网转型思路	思路清晰、案例丰富,非常有启发性
	重生战略:移动互联网和大数据时代的转型法则 沈　拓　著	在移动互联网和大数据时代,传统企业转型如同生命体打算与再造,称之为“重生战略”	帮助企业认清移动互联网环境下的变化和应对之道
	创造增量市场:传统企业互联网转型之道 刘红明　著	传统企业需要用互联网思维去创造增量,而不是用电子商务去转移传统业务的存量	教你怎么在“互联网+”的海洋中创造实实在在的增量
	7个转变,让公司3年胜出 李　蓓　著	消费者主权时代,企业该怎么办	这就是互联网思维,老板有能这样想,肯定倒不了
	跳出同质思维,从跟随到领先 郭　剑　著	66个精彩案例剖析,帮助老板突破行业长期思维惯性	做企业竟然有这么多玩法,开眼界
	麻烦就是需求　难题就是商机 卢根鑫　著	如何借助客户的眼睛发现商机	什么是真商机,怎么判断、怎么抓,有借鉴
	互联网+“变”与“不变”:本土管理实践与创新论坛集萃·2016 本土管理实践与创新论坛　著	加速本土管理思想的孕育诞生,促进本土管理创新成果更好地服务企业、贡献社会	各个作者本年度最新思想,帮助读者拓宽眼界、突破思维
	消费升级:实践　研究(文集) 本土管理实践与创新论坛　著	38位管理专家及7位学者的精华思想,从经营、管理、行业及思想研究四个方面阐述中国企业在消费升级下的实践与研究	思想启发,行业借鉴
财务	写给企业家的公司与家庭财务规划——从创业成功到富足退休 周荣辉　著	本书以企业的发展周期为主线,写各阶段企业与企业主家庭的财务规划	为读者处理人生各阶段企业与家庭的财务问题提供建议及方法,让家庭成员真正享受财富带来的益处
	互联网时代的成本观 程　翔　著	本书结合互联网时代提出了成本的多维观,揭示了多维组合成本的互联网精神和大数据特征,论述了其产生背景、实现思路和应用价值	在传统成本观下为盈利的业务,在新环境下也许就成为亏损业务。帮助管理者从新的角度来看待成本,进一步做好精益管理

续表

财务	财报背后的投资机会 蒋　豹　著	以具体的公司案例分析，教你迅速看出财务报表与企业经营的关系、所反映的企业经营现状，从而找到投资机会	前四大会计所员工为读者解密财报，发现投资机会
管理类：效率如何提升，如何实现经营目标，如何"节流"			
	书名．作者	内容/特色	读者价值
通用管理	让管理回归简单·升级版 宋新宇　著	从目标、组织、决策、授权、人才和老板自己层面教你怎样做管理	帮助管理抓住管理的要害，让管理变得简单
通用管理	让经营回归简单·升级版 宋新宇　著	从战略、客户、产品、员工、成长、经营者自身等七个方面，归纳总结出简单有效的经营法则	总结出的真正优秀企业的成功之道：简单
通用管理	让用人回归简单 宋新宇　著	从用人的原则、用人的难题与误区、用人的方法和用人者的修炼四大方面，总结出适合中小企业做好人才管理工作的法则	帮助管理者抓住用人的要害，让用人变得简单
通用管理	历史深处的管理智慧1：组织建设与用人之道 刘文瑞　著	对历史之典故、政事、人事、政制进行管理解析，鉴照企业人才的选用育留	推动理论与实践的对接，实现理性与情感的渗透，用中国话语说明管理智慧
通用管理	历史深处的管理智慧2：战略决策与经营运作 刘文瑞 著	对历史之典故、政事、人事、政制进行管理解析，鉴照企业战略设计与经营实践	推动理论与实践的对接，实现理性与情感的渗透，用中国话语说明管理智慧
通用管理	历史深处的管理智慧3：领导修炼与文化素养 刘文瑞　著	对历史之典故、政事、人事、政制进行管理解析，鉴照企业领导职业能力提升与文化修养	推动理论与实践的对接，实现理性与情感的渗透，用中国话语说明管理智慧
通用管理	管理的尺度 刘文瑞　著	对管理中的种种普遍性问题进行了批评	提高把握管理尺度的能力
通用管理	管理学在中国 刘文瑞　著	系统性介绍了管理学在中国的发展和演变	了解管理学在中国的发展脉络，更清晰理解管理学的本质
通用管理	看电影，懂管理 刘文瑞　著	16部经典电影，带你感悟管理智慧	能够帮助读者放松身心，驰骋想象，在不知不觉中增长智慧
通用管理	管理：以规则驾驭人性 王春强　著	详细解读企业规则的制定方法	从人与人博弈角度提升管理的有效性
通用管理	员工心理学超级漫画版 邢　雷　著	以漫画的形式深度剖析员工心理	帮助管理者更了解员工，从而更轻松地管理员工
通用管理	老板有想法，高层有干法：企业中的将帅之道 王清华　著	深入剖析老板与高管的异同	各司其职，各行其是，相辅相成
通用管理	分股合心：股权激励这样做 段磊　周剑　著	通过丰富的案例，详细介绍了股权激励的知识和实行方法	内容丰富全面、易读易懂，了解股权激励，有这一本就够了
通用管理	边干边学做老板 黄中强　著	创业20多年的老板，有经验、能写、又愿意分享，这样的书很少	处处共鸣，帮助中小企业老板少走弯路
通用管理	成为敏感而体贴的公司 王　涛　著	本书为作者对企业的观察和冥想的随笔记录。从生活中的一个现象入手，进而探索现象背后的本质	从全新角度认识公司
通用管理	中国企业的觉醒：正直 善良 成长 王　涛　著	围绕着企业人如何发生转化展开，对中国人、中国文化及由此导致的企业现状的观察和思考	企业除了要利润，还需要道德
通用管理	有意识的思考：轻松化解问题的7个思考习惯 王　涛　著	本书是对思想、思考过程、思考方式进行的细致观察	养成好的思考习惯，更深刻地看问题
通用管理	中国式阿米巴落地实践之从交付到交易 胡八一　著	本书主要讲述阿米巴经营会计，"从交付到交易"，这是成功实施了阿米巴的标志	阿米巴经营会计的工作是有逻辑关联的，一本书就能搞定

续表

通用管理	**中国式阿米巴落地实践之激活组织** 胡八一 著	重点讲解如何科学划分阿米巴单元，阐述划分的实操要领、思路、方法、技术与工具	最大限度减少"推行风险"和"摸索成本"，利于公司成功搭建适合自身的个性化阿米巴经营体系
	中国式阿米巴落地实践之持续盈利 胡八一 著	把企业做成平台，企业才能做大（格局）；把平台做成阿米巴，企业才能做强（专业）；把阿米巴做成合伙制，企业才能做久（机制）	中国式阿米巴落地实践三部曲的最后一部，告诉你企业如何做大做强做久
	集团化企业阿米巴实战案例 初勇钢 著	一家集团化企业阿米巴实施案例	指导集团化企业系统实施阿米巴
	阿米巴经营的中国模式 李志华 著	让员工从"要我干"到"我要干"，价值量化出来	阿米巴在企业如何落地，明白思路了
	欧博心法：好管理靠修行 曾 伟 著	用佛家的智慧，深刻剖析管理问题，见解独到	如果真的有'中国式管理'，曾老师是其中标志性人物
	领导这样点燃你的下属 孟广桥 著	领导者如何才能让员工积极主动地工作？如何让你的员工和下属保持工作的热情，自动自发？看了这本书就知道	只要你希望手下的"兵将"永远充满工作的斗志，这本书将使你获益良多
流程管理	**1. 用流程解放管理者** **2. 用流程解放管理者 2** 张国祥 著	中小企业阅读的流程管理、企业规范化的书	通俗易懂，理论和实践的结合恰到好处
	跟我们学建流程体系 陈立云 著	畅销书《跟我们学做流程管理》系列，更实操，更细致，更深入	更多地分享实践，分享感悟，从实践总结出来的方法论
	人人都要懂流程 金国华 余雅丽 著	当前各企业流程管理方面最为典型的痛点现象及问题案例	通俗易懂，适合企业全员阅读
质量管理	IATF16949 质量管理体系详解与案例文件汇编：TS16949 转版 IATF16949:2016 谭洪华 著	针对 IATF 的新标准做了详细的解说，同时指出了一些推行中容易犯的错误，提供了大量的表单、案例	案例、表单丰富，拿来就用
	五大质量工具详解及运用案例：APQP/FMEA/PPAP/MSA/SPC 谭洪华 著	对制造业必备的五大质量工具中每个文件的制作要求、注意事项、制作流程、成功案例等进行了解读	通俗易懂、简便易行，能真正实现学以致用
	ISO9001:2015 新版质量管理体系详解与案例文件汇编 谭洪华 著	紧密围绕 2015 年新版质量管理体系文件逐条详细解读，并提供可以直接套用的案例工具，易学易上手	企业质量管理认证、内审必备
	ISO14001:2015 新版环境管理体系详解与案例文件汇编 谭洪华 著	紧密围绕 2015 年新版环境管理体系文件逐条详细解读，并提供可以直接套用的案例工具，易学易上手	企业环境管理认证、内审必备
	SA8000:2014 社会责任管理体系认证实战 吕 林 著	作者根据自己的操作经验，按认证的流程，以相关案例进行说明 SA8000 认证体系	简单，实操性强，拿来就能用
	精益质量管理实战工具 贺小林 著	制造类企业日常工作中所需要的精益管理工具的归纳整理，并进行案例操作的细致分析	可以直接参考，实际解决生产中的具体问题
战略落地	**重生——中国企业的战略转型** 施 炜 著	从前瞻和适用的角度，对中国企业战略转型的方向、路径及策略性举措提出了一些概要性的建议和意见	对企业有战略指导意义
	公司大了怎么管：从靠英雄到靠组织 AMT 金国华 著	第一次详尽阐释中国快速成长型企业的特点、问题及解决之道	帮助快速成长型企业领导及管理团队理清思路，突破瓶颈

续表

战略落地	**低效会议怎么改:每年节省一半会议成本的秘密** AMT 王玉荣　著	教你如何系统规划公司的各级会议,一本工具书	教会你科学管理会议的办法
	年初订计划,年尾有结果:战略落地七步成诗 AMT 郭晓　著	7个步骤教会你怎么让公司制定的战略转变为行动	系统规划,有效指导计划实现
人力资源	**HRBP 是这样炼成的之"菜鸟起飞"** 新　海　著	以小说的形式,具体解析 HRBP 的职责,应该如何操作,如何为业务服务	实践者的经验分享,内容实务具体,形式有趣
	HRBP 是这样炼成的之中级修炼 新　海　著	本书以案例故事的方式,介绍了 HRBP 在实际工作中碰到的问题和挑战	书中的 HR 解决方案讲究因时因地制宜、简单有效的原则,重在启发读者思路,可供各类企业 HRBP 借鉴
	HRBP 是这样炼成的之高级修炼 新　海　著	以故事的形式,展现了 HRBP 工作者在职业发展路上的层层深入和递进	为读者提供 HRBP 在实际工作中遇到种种问题的解决方案
	把面试做到极致:首席面试官的人才甄选法 孟广桥　著	作者用自己几十年的人力资源经验总结出的一套实用的确定岗位招聘标准、提升面试官技能素质的简便方法	面试官必备,没有空泛理论,只有巧妙的实操技能
	人力资源体系与 e－HR 信息化建设 刘书生　陈　莹　王美佳　著	将作者经历的人力资源管理变革、人力资源管理信息化咨询项目方法论、工具和成果全面展现给读者,使大家能够将其快速应用到管理实践中	系统性非常强,没有废话,全部是浓缩的干货
	回归本源看绩效 孙　波　著	让绩效回顾"改进工具"的本源,真正为企业所用	确实是来源于实践的思考,有共鸣
	世界 500 强资深培训经理人教你做培训管理 陈　锐　著	从 7 大角度具体细致地讲解了培训管理的核心内容	专业、实用、接地气
	曹子祥教你做激励性薪酬设计 曹子祥　著	以激励性为指导,系统性地介绍了薪酬体系及关键岗位的薪酬设计模式	深入浅出,一本书学会薪酬设计
	曹子祥教你做绩效管理 曹子祥　著	复杂的理论通俗化,专业的知识简单化,企业绩效管理共性问题的解决方案	轻松掌握绩效管理
	把招聘做到极致 远　鸣　著	作为世界 500 强高级招聘经理,作者数十年招聘经验的总结分享	带来职场思考境界的提升和具体招聘方法的学习
	人才评价中心．超级漫画版 邢　雷　著	专业的主题,漫画的形式,只此一本	没想到一本专业的书,能写成这效果
	走出薪酬管理误区 全怀周　著	剖析薪酬管理的 8 大误区,真正发挥好枢纽作用	值得企业深读的实用教案
	集团化人力资源管理实践 李小勇　著	对搭建集团化的企业很有帮助,务实,实用	最大的亮点不是理论,而是结合实际的深入剖析
	我的人力资源咨询笔记 张　伟　著	管理咨询师的视角,思考企业的 HR 管理	通过咨询师的眼睛对比很多企业,有启发
	本土化人力资源管理 8 大思维 周　剑　著	成熟 HR 理论,在本土中小企业实践中的探索和思考	对企业的现实困境有真切体会,有启发

续表

企业文化	**36个拿来就用的企业文化建设工具** 海融心胜　主编	数十个工具，为了方便拿来就用，每一个工具都严格按照工具属性、操作方法、案例解读划分，实用、好用	企业文化工作者的案头必备书，方法都在里面，简单易操作
	企业文化建设超级漫画版 邢　雷　著	以漫画的形式系统教你企业文化建设方法	轻松易懂好操作
	华夏基石方法：企业文化落地本土实践 王祥伍　谭俊峰　著	十年积累、原创方法、一线资料，和盘托出	在文化落地方面真正有洞察，有实操价值的书
	企业文化的逻辑 王祥伍　著	为什么企业之间如此不同，解开绩效背后的文化密码	少有的深刻，有品质，读起来很流畅
	企业文化激活沟通 宋杼宸　安　琪　著	透过新任HR总经理的眼睛，揭示出沟通与企业文化的关系	有实际指导作用的文化落地读本
	在组织中绽放自我：从专业化到职业化 朱仁健　王祥伍　著	个人如何融入组织，组织如何助力个人成长	帮助企业员工快速认同并投入到组织中去，为企业发展贡献力量
	企业文化定位·落地一本通 王明胤　著	把高深枯燥的专业理论创建成一套系统化、实操化、简单化的企业文化缔造方法	对企业文化不了解，不会做？有这一本从概念到实操，就够了
生产管理	**精益思维：中国精益如何落地** 刘承元　著	笔者二十余年企业经营和咨询管理的经验总结	中国企业需要灵活运用精益思维，推动经营要素与管理机制的有机结合，推动企业管理向前发展
	300张现场图看懂精益5S管理 乐　涛　编著	5S现场实操详解	案例图解，易懂易学
	高员工流失率下的精益生产 余伟辉　著	中国的精益生产必须面对和解决高员工流失率问题	确实来源于本土的工厂车间，很务实
	车间人员管理那些事儿 岑立聪　著	车间人员管理中处理各种“疑难杂症”的经验和方法	基层车间管理者最闹心、头疼的事，‘打包’解决
	1. 欧博心法：好管理靠修行 **2. 欧博心法：好工厂这样管** 曾　伟　著	他是本土最大的制造业管理咨询机构创始人，他从400多个项目、上万家企业实践中锤炼出的欧博心法	中小制造型企业，一定会有很强的共鸣
	欧博工厂案例1：生产计划管控对话录 **欧博工厂案例2：品质技术改善对话录** **欧博工厂案例3：员工执行力提升对话录** 曾　伟　著	最典型的问题、最详尽的解析，工厂管理9大问题27个经典案例	没想到说得这么细，超出想象，案例很典型，照搬都可以了
	工厂管理实战工具 欧博企管　编著	以传统文化为核心的管理工具	适合中国工厂
	苦中得乐：管理者的第一堂必修课 曾　伟　编著	曾伟与师傅大愿法师的对话，佛学与管理实践的碰撞，管理禅的修行之道	用佛学最高智慧看透管理
	比日本工厂更高效1：管理提升无极限 刘承元　著	指出制造型企业管理的六大积弊；颠覆流行的错误认知；掌握精益管理的精髓	每一个企业都有自己不同的问题，管理没有一剑封喉的秘笈，要从现场、现物、现实出发
	比日本工厂更高效2：超强经营力 刘承元　著	企业要获得持续盈利，就要开源和节流，即实现销售最大化，费用最小化	掌握提升工厂效率的全新方法

续表

生产管理	**比日本工厂更高效3:精益改善力的成功实践** 刘承元　著	工厂全面改善系统有其独特的目的取向特征,着眼于企业经营体质(持续竞争力)的建设与提升	用持续改善力来飞速提升工厂的效率,高效率能够带来意想不到的高效益
	3A顾问精益实践1:IE与效率提升 党新民　苏迎斌　蓝旭日　著	系统的阐述了IE技术的来龙去脉以及操作方法	使员工与企业持续获利
	3A顾问精益实践2:JIT与精益改善 肖志军　党新民　著	只在需要的时候,按需要的量,生产所需的产品	提升工厂效率
	手把手教你做专业的生产经理 黄　娜　著	物流、信息流、资金流,让生产经理管理有抓手	从菜鸟到能把控全局
员工素质提升	**TTT培训师精进三部曲(上):深度改善现场培训效果** 廖信琳　著	现场把控不用慌,这里有妙招一用就灵	课程现场无论遇到什么样的情况都能游刃有余
	TTT培训师精进三部曲(中):构建最有价值的课程内容 廖信琳　著	这样做课程内容,学员有收获培训师也有收获	优质的课程内容是树立个人品牌的保证
	TTT培训师精进三部曲(下):职业功力沉淀与修为提升 廖信琳　著	从内而外提升自己,职业的道路一帆风顺	走上职业TTT内训师的康庄大道
	培训师,如何让你的事业长青:自我管理的10项法则 廖信琳　著	建立了一套完整的培训师自我管理体系,为培训师的职业成长与发展提供有益的指引	培训师如何在自己的职业道路上越走越高,事业长青,一直有所收获与成长?本书将给你答案
	管理咨询师的第一本书:百万年薪 千万身价 熊亚柱　著	从问题出发,发现问题、分析问题、解决问题,让两眼一抹黑的新人快速成长	管理咨询师初入职场,让这本书开启百万年薪之路
	手把手教你做专业督导:专卖店、连锁店 熊亚柱　著	从督导的职能、作用,在工作中需要的专业技能、方法,都提供了详细的解读和训练办法,同时附有大量的表单工具	无论是店铺需要统一培训,还是个人想成为优秀的督导,有这一本就够了
	跟老板"偷师"学创业 吴江萍　余晓雷　著	边学边干,边观察边成长,你也可以当老板	不同于其他类型的创业书,让你在工作中积累创业经验,一举成功
	销售轨迹:一位快消品营销总监的拼搏之路 秦国伟　著	本书讲述了一个普通销售员打拼成为跨国企业营销总监的真实奋斗历程	激励人心,给广大销售员以力量和鼓舞
	在组织中绽放自我:从专业化到职业化 朱仁健　王祥伍　著	个人如何融入组织,组织如何助力个人成长	帮助企业员工快速认同并投入到组织中去,为企业发展贡献力量
	企业员工弟子规:用心做小事,成就大事业 贾同领　著	从传统文化《弟子规》中学习企业中为人处事的办法,从自身做起	点滴小事,修养自身,从自身的改善得到事业的提升
	手把手教你做顶尖企业内训师:TTT培训师宝典 熊亚柱　著	从课程研发到现场把控、个人提升都有涉及,易读易懂,内容丰富全面	想要做企业内训师的员工有福了,本书教你如何抓住关键,从入门到精通
	客诉处理金手指:客户投诉的应对与管理 孟广桥　著	立足于投诉处理的实践,剖析了不同投诉者投诉的特点和应对措施,并提供各种技巧方法、赢得客户信赖所需培养的品质修炼、处理投诉应掌握的法律法规等工具	是投诉处理人员适应岗位职能需要、提升工作技能的良师益友,是企业变诉为金、培养业务骨干的法宝

续表

营销类:把客户需求融入企业各环节,提供"客户认为"有价值的东西			
	书名．作者	内容/特色	读者价值
营销模式	**精品营销战略** 杜建君　著	以精品理念为核心的精益战略和营销策略	用精品思维赢得高端市场
	变局下的营销模式升级 程绍珊　叶　宁　著	客户驱动模式、技术驱动模式、资源驱动模式	很多行业的营销模式被颠覆,调整的思路有了!
	卖轮子 科克斯【美】	小说版的营销学！营销理念巧妙贯穿其中,贵在既有趣,又有深度	经典、有趣！一个故事读懂营销精髓
	动销操盘:节奏掌控与社群时代新战法 朱志明　著	在社群时代把握好产品生产销售的节奏,解析动销的症结,寻找动销的规律与方法	都是易读易懂的干货！对动销方法的全面解析和操盘
	弱势品牌如何做营销 李政权　著	中小企业虽有品牌但没名气,营销照样能做的有声有色	没有丰富的实操经验,写不出这么具体、详实的案例和步骤,很有启发
	老板如何管营销 史贤龙　著	高段位营销16招,好学好用	老板能看,营销人也能看
	洞察人性的营销战术:沈坤教你28式 沈　坤　著	28个匪夷所思的营销怪招令人拍案叫绝,涉及商业竞争的方方面面,大部分战术可以直接应用到企业营销中	各种谋略得益于作者的横向思维方式,将其操作过的案例结合其中,提供的战术对读者有参考价值
	动销:产品是如何畅销起来的 吴江萍　余晓雷　著	真真切切告诉你,产品究竟怎么才能卖出去	击中痛点,提供方法,你值得拥有
	1000铁杆女粉丝 张兵武　著	连接是女性与生俱来的特质。能善用连接的营销人员,就像拿到打开女性荷包的钥匙	重新认识女性的传播力量
	360°谈营销:一位营销咨询师20年实战洞察 王清华　古怀亮　著	各个角度,全方位,多视点剥营销	思路单一,此书帮你破
	营销按钮:扣动一触即发的力量 老　苗　著	提供各种奇形怪状的营销武器	一定会带给你不一样的思维震撼
销售	**资深大客户经理:策略准,执行狠** 叶敦明　著	从业务开发、发起攻势、关系培育、职业成长四个方面,详述了大客户营销的精髓	满满的全是干货
	成为资深的销售经理:B2B、工业品 陆和平　著	围绕"销售管理的六个关键控制点"一一展开,提供销售管理的专业、高效方法	方法和技术接地气,拿来就用,从销售员成长为经理不再犯难
	销售是门专业活:B2B、工业品 陆和平　著	销售流程就应该跟着客户的采购流程和关注点的变化向前推进,将一个完整的销售过程分成十个阶段,提供具体方法	销售不是请客吃饭拉关系,是个专业的活计！方法在手,走遍天下不愁
	向高层销售:与决策者有效打交道 贺兵一　著	一套完整有效的销售策略	有工具,有方法,有案例,通俗易懂
	卖轮子 科克斯　【美】	小说版的营销学！营销理念巧妙贯穿其中,贵在既有趣,又有深度	经典、有趣！一个故事读懂营销精髓
	学话术　卖产品 张小虎　著	分析常见的顾客异议,将优秀的话术模块化	让普通导购员也能成为销售精英
组织和团队	**升级你的营销组织** 程绍珊　吴越舟　著	用"有机性"的营销组织替代"营销能人",营销团队变成"铁营盘"	营销队伍最难管,程老师不愧是营销第1操盘手,步骤方法都很成熟
	用数字解放营销人 黄润霖　著	通过量化帮助营销人员提高工作效率	作者很用心,很好的常备工具书

续表

组织和团队	**成为优秀的快消品区域经理(升级版)** 伯建新　著	用"怎么办"分析区域经理的工作关键点,增加30%全新内容,更贴近环境变化	可以作为区域经理的"速成催化器"
	成为资深的销售经理:B2B、工业品 陆和平　著	围绕"销售管理的六个关键控制点"一一展开,提供销售管理的专业、高效方法	方法和技术接地气,拿来就用,从销售员成长为经理不再犯难
	一位销售经理的工作心得 蒋　军　著	一线营销管理人员想提升业绩却无从下手时,可以看看这本书	一线的真实感悟
	快消品营销:一位销售经理的工作心得2 蒋　军　著	快消品、食品饮料营销的经验之谈,重点突出	来源于实战的精华总结
	销售轨迹:一位快消品营销总监的拼搏之路 秦国伟　著	本书讲述了一个普通销售员打拼成为跨国企业营销总监的真实奋斗历程	激励人心,给广大销售员以力量和鼓舞
	用营销计划锁定胜局:用数字解放营销人2 黄润霖　著	全方位教你怎么做好营销计划,好学好用真简单	照搬套用就行,做营销计划再也不头痛
	快消品营销人的第一本书:从入门到精通 刘　雷　伯建新　著	快消行业必读书,从入门到专业	深入细致,易学易懂
产品	**产品开发管理方法·流程·工具:从作坊式到规范化** 任彭枞　著	产品研发管理体系全指导	既有工具,又能开拓思路
	新产品开发管理,就用IPD(升级版) 郭富才　著	10年IPD研发管理咨询总结,国内首部IPD专业著作	一本书掌握IPD管理精髓
	这样打造大单品:案例　策略　方法 迪智成咨询团队　著	囊括十三个不同行业、企业的实际案例,从不同角度详细剖析、总结了这些品牌厂家打造大单品的成功经验或者失败教训	厘清大单品打造的策划与路径,得出持续经营的思路与方法
	资深项目经理这样做新产品开发管理 秦海林　著	以IPD为思想,系统讲解新产品开管理的细节	提供管理思路和实用工具
	产品炼金术Ⅰ:如何打造畅销产品 史贤龙　著	满足不同阶段、不同体量、不同行业企业对产品的完整需求	必须具备的思维和方法,避免在产品问题上走弯路
	产品炼金术Ⅱ:如何用产品驱动企业成长 史贤龙　著	做好产品、关注产品的品质,就是企业成功的第一步	必须具备的思维和方法,避免在产品问题上走弯路
品牌	**中小企业如何建品牌** 梁小平　著	中小企业建品牌的入门读本,通俗、易懂	对建品牌有了一个整体框架
	采纳方法:破解本土营销8大难题 朱玉童　编著	全面、系统、案例丰富、图文并茂	希望在品牌营销方面有所突破的人,应该看看
	中国品牌营销十三战法 朱玉童　编著	采纳20年来的品牌策划方法,同时配有大量的案例	众包方式写作,丰富案例给人启发,极具价值
	今后这样做品牌:移动互联时代的品牌营销策略 蒋　军　著	与移动互联紧密结合,告诉你老方法还能不能用,新方法怎么用	今后这样做品牌就对了
	中小企业如何打造区域强势品牌 吴　之　著	帮助区域的中小企业打造自身品牌,如何在强壮自身的基础上往外拓展	梳理误区,系统思考品牌问题,切实符合中小区域品牌的自身特点进行阐述
渠道通路	**深度分销:掌控渠道价值链** 施　炜　著	制造商通过掌控渠道价值链,将管理触角延伸至零售层面及顾客现场,对市场根部精耕细作,从而挖掘需求,构筑区域市场尤其是三四级市场的竞争壁垒	深度分销是中国企业对世界营销的独特贡献。实践证明,互联网时代深度分销仍有生命力
	快消品营销与渠道管理 谭长春　著	将快消品标杆企业渠道管理的经验和方法分享出来	可口可乐、华润的一些具体的渠道管理经验,实战

续表

渠道通路	传统行业如何用网络拿订单 张　进　著	给老板看的第一本网络营销书	适合不懂网络技术的经营决策者看
	采纳方法:化解渠道冲突 朱玉童　编著	系统剖析渠道冲突,21个渠道冲突案例、情景式讲解,37篇讲义	系统、全面
	学话术　卖产品 张小虎　著	分析常见的顾客异议,将优秀的话术模块化	让普通导购员也能成为销售精英
	向高层销售:与决策者有效打交道 贺兵一　著	一套完整有效的销售策略	有工具,有方法,有案例,通俗易懂
	通路精耕操作全解:快消品20年实战精华 周　俊　陈小龙　著	通路精耕的详细全解,每一步的具体操作方法和表单全部无保留提供	康师傅二十年的经验和精华,实践证明的最有效方法,教你如何主宰通路

管理者读的文史哲・生活

	书名．作者	内容/特色	读者价值
思想・文化	德鲁克管理思想解读 罗　珉　著	用独特视角和研究方法,对德鲁克的管理理论进行了深度解读与剖析	不仅是摘引和粗浅分析,还是作者多年深入研究的成果,非常可贵
	德鲁克与他的论敌们:马斯洛、戴明、彼得斯 罗　珉　著	几位大师之间的论战和思想碰撞令人受益匪浅	对大师们的观点和著作进行了大量的理论加工,去伪存真、去粗存精,同时有自己独特的体系深度
	德鲁克管理学 张远凤　著	本书以德鲁克管理思想的发展为线索,从一个侧面展示了20世纪管理学的发展历程	通俗易懂,脉络清晰
	王阳明"万物一体"论:从"身－体"的立场看(修订版) 陈立胜　著	以身体哲学分析王阳明思想中的"仁"与"乐"	进一步了解传统文化,了解王阳明的思想
	自我与世界:以问题为中心的现象学运动研究 陈立胜　著	以问题为中心,对现象学运动中的"意向性""自我""他人""身体"及"世界"各核心议题之思想史背景与内在发展理路进行深入细致的分析	深入了解现象学中的几个主要问题
	作为身体哲学的中国古代哲学 张再林　著	上篇为中国古代身体哲学理论体系奠基性部分,下篇对由"上篇"所开出的中国身体哲学理论体系的进一步的阐发和拓展	了解什么是真正原生态意义上的中国哲学,把中国传统哲学与西方传统哲学加以严格区别
	中西哲学的歧异与会通 张再林　著	本书以一种现代解释学的方法,对中国传统哲学内在本质尝试一种全新的和全方位的解读	发掘出掩埋在古老传统形式下的现代特质和活的生命,在此基础上揭示中西哲学"你中有我,我中有你"之旨
	治论:中国古代管理思想 张再林　著	本书主要从儒、法墨三家阐述中国古代管理思想	看人本主义的管理理论如何不留斧痕地克服似乎无法调解的存在于人类社会行为与社会组织中的种种两难和对立
	车过麻城　再晤李贽 张再林　著	系统全面而又简明扼要地展示了李贽独到的学术眼力和超拔的理论建树	帮助读者重新认识李贽的思想
	中国古代政治制度(修订版)上:皇帝制度与中央政府 刘文瑞　著	全面论证了古代皇帝制度的形成和演变的历程	有助于读者从政治制度角度了解中国国情的历史渊源
	中国古代政治制度(修订版)下:地方体制与官僚制度 刘文瑞　著	全面论证了古代地方政府的发展演变过程	有助于读者从政治制度角度了解中国国情的历史渊源
	中国思想文化十八讲(修订版) 张茂泽　著	中国古代的宗教思想文化,如对祖先崇拜、儒家天命观、中国古代关于"神"的讨论等	宗教文化和人生信仰或信念紧密相联,在文化转型时期学习和研究中国宗教文化就有特别的现实意义

续表

思想·文化	史幼波《大学》讲记 史幼波　著	用儒释道的观点阐释大学的深刻思想	一本书读懂传统文化经典
	史幼波《周子通书》《太极图说》讲记 史幼波　著	把形而上的宇宙、天地,与形而下的社会、人生、经济、文化等融合在一起	将儒家的一整套学修系统融合起来
	史幼波《中庸》讲记(上下册) 史幼波　著	全面、深入浅出地揭示儒家中庸文化的真谛	儒释道三家思想融会贯通
	梁涛讲《孟子》之万章篇 梁　涛　著	《万章》主要记录孟子与万章的对话,涉及孝道、亲情、友情、出仕为官等	作者的解读能帮助读者更好地理解孟子及儒学
	两晋南北朝十二讲(修订版) 李文才　著	作为一本普及性读物,作者尊重史实,运用"历史心理学"的叙事方法,分12个专题对两晋南北朝的历史进行阐述	让读者轻松了解两晋南北朝的历史
	每个中国人身上的春秋基因 史贤龙　著	春秋368年(公元前770－公元前403年),每一个中国人都可以在这段时期的历史中找到自己的祖先,看到真实发生的事件,同时也看到自己	长情商、识人心
	与《老子》一起思考:德篇 史贤龙　著	打通文史,回归哲慧,纵贯古今,放眼中外,妙语迭出,在当今的老子读本中别具一格	深读有深读的回味,浅尝有浅尝的机敏,可给读者不同的启发
	说服天下:《鬼谷子》的中国沟通术 翟玉忠　著	由内圣而外王,从心力的培育到具体的说服理论,再到生动的说服案例	从商业到军事再到日常生活,沟通说服已经变得越来越重要
	读《管子》,知天下财富:轻重术与中国古典经济思想 翟玉忠　著	中国农业社会规模庞大的市场产生了复杂发展的经济理论——以《管子》轻重十六篇为核心的轻重术	本书分为道、术两大部分,有思想、有谋略,相信你会从中有所收获
	中国商道:从古典商书说开去 翟玉忠　著	对中国先秦和明清两个商品经济大发展时期商业典籍的第一次系统整理和诠释	中华商道一脉相承,造就了无数商业奇迹,成就了无数商业巨子。今人读之,必能获益
	跟陈忠建学写名家书法Ⅰ 跟陈忠建学写名家书法Ⅱ 陈忠建　著	中国台湾著名书法教育家,用视频手把手教你摹写历代名家笔触	用拟古千字文的形式,学习名家的技巧
	像美国人一样讲话:教你记住800句最地道的美语 马方旭　著	本书基本囊括了在美国最常用最地道的800习惯用语表达,包含中英双语翻译,以及清晰明了的注解帮助增强记忆,加入视频等流行的记忆方法	易读易懂,趣味十足
	郑子太极拳理拳法 杨竣雄　著	走进郑子太极拳完整训练体系的大门,随着书中另一主角——师父的课程安排与每日功课的练习	当您学完这套书后,在掌握拳架的同时具备诸多正确的太极理念与系统知识
	内功太极拳训练教程 王铁仁　编著	杨式(内功)太极拳(俗称老六路)的详细介绍及具体修炼方法,身心的一次升华	书中含有大量图解并有相关视频供读者同步学习
	中医治心脏病 马宝琳　著	引用众多真实案例,客观真实地讲述了中西医对于心脏病的认识及治疗方法	看完这本书,能为您节约10万元医药费